风雨苍茫
广益中学抗战外迁访记

陈胸怀　著

湖南大学出版社

内 容 简 介

　　本书讲述的是湖南师大附中的前身广益中学抗日战争时期经历磨难、自强不息的故事。广益中学是民主革命先驱、中国同盟会湖南分会首任会长禹之谟于 1905 年创建的惟一学堂，后更名广益中学。1937 年抗日战争爆发，位于长沙熙宁街的广益中学开始了它艰难的外迁历程：1938 年 8 月迁至望城县新康乡沱市；文夕大火后，于 1939 年 2 月迁至常宁县柏坊镇大坪；1944 年夏衡阳战役，学校迁往常宁庄泉，8 月再迁至蓝山县所城；1945 年初迁至蓝山县高阳。抗战胜利后，1946 年春迁回长沙。

图书在版编目（CIP）数据

　　风雨苍茫——广益中学抗战外迁访记/陈胸怀著 .—长沙：湖南大学出版社，2015.3

　　（湖南师大附中校本教材）

　　ISBN 978 - 7 - 5667 - 0831 - 1

　　Ⅰ.①风…　Ⅱ.①陈…　Ⅲ.①湖南广益实验中学—校史—中学—教材　Ⅳ.①G643.591

　　中国版本图书馆 CIP 数据核字（2015）第 071792 号

风雨苍茫——广益中学抗战外迁访记
FENGYU CANGMANG——GUANGYI ZHONGXUE KANGZHAN
WAIQIAN FANGJI

作　　者：	陈胸怀　著
策划编辑：	卢　宇
责任编辑：	陈　燕　责任校对：全　健　责任印制：陈　燕
印　　装：	国防科技大学印刷厂
开　　本：	710×1000　16 开　印张：6.5　字数：91 千
版　　次：	2015 年 3 月第 1 版　印次：2015 年 3 月第 1 次印刷
书　　号：	ISBN 978 - 7 - 5667 - 0831 - 1/K · 100
定　　价：	20.00 元

出 版 人：	雷　鸣
出版发行：	湖南大学出版社
社　　址：	湖南·长沙·岳麓山　　邮　编：410082
电　　话：	0731-88822559(发行部)，88821006(编辑室)，88821006(出版部)
传　　真：	0731-88649312(发行部)，88822264(总编室)
网　　址：	http://www.hnupress.com　电子邮箱：presscheny@hnu.cn

序

关于教育，有很多先贤哲人作出过这样或那样的解释。许慎在《说文解字》中解释说"教，上所施下所效也"，"育，养子使作善也"；孔子说"性相近，习相远"，提倡"有教无类"；孟子有著名的"君子三乐"，第"三乐"即"得天下英才而教育之"，其含义与当今"教育"一词的含义已相近；董仲舒则认为"教化不立而万民不正"；韩愈极力提倡从师而学，教育是"传道，授业，解惑"；其后如朱熹、王守仁、黄宗羲、颜元、蔡元培、陶行知、鲁迅等，都在一定时代背景下对教育作出过种种界定。

教育是伴随时代变化而变化的，很难对其下一个恒久不变的定义，如果一定要冒险来清晰界定，窃以为，教育，一言以蔽之，即带有一定社会目的性的对人类的自我复制与人类的自我反叛的持续连贯的系列工作。可以说教育的本质是一种人类自我发展行为，其目的性决定了教育的其他属性与教育效果。湖南师大附中由民主革命先驱禹之谟始创惟一学堂发轫，迄今已历110载，教育目标由最初的"保种存国"，到20世纪80年代的"全面发展，基础扎实，学有特长，个性优良"，再到"素质全面，个性彰显"，直到现今的"附中气质，未来强者"，无一不与时代相扣。

教育必关乎课程。湖南师大附中的课程改革始于20世纪80年代，从那时起就开发了系列的校本选修课程；21世纪以来，更拉开了全面进行高中课程改革的序幕；2012年，又揭开了现代教育实验学校建设的新篇章。为逐步完善现代课程体系，实现校本课程系统化、特色化、精品化，湖南师大附中遵循"以人为本、兼容并包"的教育理念，结合教育民主化进程，在贯彻落实国家课程的前提下，通过对在校学生的需求进行广泛调查和对已毕业校友的未来发展进行科学评估，充分利用和拓展课程资源，已陆续开发出多种可供学生选择的课程。

本次校本教材的编写原则和基本思路有四：

一是基于学校对学生成长的特别期许：学生具有附中气质和附中烙印，能"励志气、蓄才气、蕴大气"，将来成为"生活的强者、事业的强者、时代的强者"。

二是基于学生对自身发展的特别选择：课程开发的着眼点和着力点都集中于人主体性的体现和培育，以及对人的个体差异性的尊重，促进学生最大限度发展。

三是基于学校及周边课程资源的有效开发：我校位于湖湘文化中心、历史文化名城长沙市，坐落在橘子洲西、岳麓山下大学城内，有着丰富的课程资源。

四是基于学生的兴趣和实际需要：以学生的兴趣、爱好、特长为基点，着重引导和培养学生的情趣与爱好，发展学生的良好个性。培养和提高学生的综合素质的兴趣型课程占所开设校本课程的 2/3 以上。

理性办学、内涵发展一直是湖南师大附中的风格。慎选良师，精育名师，一代代附中人通过引进来、走出去，由里到外精心雕琢、反复打磨，方才成就今天的教师队伍。参与本次校本教材编写的人员，就是其中的佼佼者。他们工作之余，潜心思考，查询资料，撰稿编写。这些教材虽然不能说尽善尽美，但却凝聚了他们的心血和智慧。他们的这种使命感和奉献精神令人敬佩，在此我对他们的辛勤劳动和无私奉献表示衷心的感谢！

出版校本教材既是对教师工作的肯定，也是一种与兄弟学校共享课程探索成果的方式，更是一个接受教育专家及同仁批评指正的机会。湖南师大附中对校本教材的出版是慎重的，从 2000 年至今，全校教师开发的校本课程达 300 余门，但作为校本教材已出版发行的仅 5 本。本次出版的 17 本校本教材，是对湖南师大附中十几年来校本课程实践的提炼，同时也吹响了加快现代教育实验学校建设的号角。

校本课程最终是一种校园文化，文化是需要沉淀的，本次校本教材的出版绝非终点。我们相信，经过时间和实践的沉淀，更多更优的校本课程精品将呈现在我们面前。希望这些校本教材像千年流淌的湘江一样滋养三湘四水的莘莘学子，使之成为高素质、创新型、有担当的优秀人才。

谢永红

2015 年 3 月 18 日

讲自己的故事

在我上历史课的时候，时常讲中国的故事，讲世界的故事。泱泱一部《史记》，三十世家、七十列传记载的是故事；洛阳城东白马寺雕刻的是故事；黄州城西赤壁矶流传的是故事；煌煌一部《荷马》，伊利亚特、奥德赛传唱的是故事……每个故事都像一部精彩的大片，让人心潮澎湃，让人掩卷长思。

惜墨如金的历史教科书背后藏有无数的故事，或者说历史本身就是故事。历史老师就应该是讲故事的高手，让藏在背后的故事鲜活起来，在惊心动魄中体会伟大人物的力量，在扣人心弦中体会历史事件的价值。我发现，学生们其实都喜欢听老师讲故事，只要老师讲故事，学生们必定身子坐直，专注投入，追随故事的起伏感受人物的本真。

在课堂上，我向学生讲述广益中学（现湖南师大附中）的艰难创业、校名变更、校址变迁的历史：1905 年 4 月 12 日，民主革命先驱禹之谟以"保种存国"为宗旨，创立惟一学堂。1906 年 8 月，禹之谟被捕后，学堂被清政府查封。黎尚雯、罗介夫不忍学校就此解散，将学校改名为广益英算专修科继续办学，后更名为广益中学堂。期间学校屡迁校址，先后在长沙城内储备仓湘乡试馆、水风井、三公祠、顺星桥、潮宗街、草潮门、西园租民房办学。1911 年秋，政府拨北门外熙宁街湘水校经堂给学校作为永久校址。民国建立后，正式定名为广益中学。1924 年，学校改名为执中中学，1926 年恢复私立广益中学的校名。抗日战争期间学校先后迁望城、常宁、蓝山，抗战胜利后重修校舍迁回熙宁街。1951 年，改名湖南省立广益中学，成为公办学校，由湖南省文教厅直管。1955 年，改名湖南师院附中，迁到河西二里半现址办学，1984 年定名为湖南师大附中。

每一次校名变更、校址变迁的背后，都有很多曲折故事。历史沉淀太久，但不能忘记曾经走过的路，忘记曾经深深影响我们的一些人和一些事。湖南师大附中成立一百一十年以来，有着太多太多的故事。

抗日战争时期，学校三迁校址。1938年8月岳阳沦陷、长沙告急，广益中学迁到望城县新康乡沱市；1939年2月，学校再迁到偏远的衡阳市常宁县柏坊镇大坪村；1944年日寇大举进犯衡阳，是年8月学校再次搬迁到永州市蓝山县所城，继迁高阳。学校这段历史时常让我想起整个中国抗战历史，中国抗战历史也时常让我想起学校的这段历史，让我倍加感慨、感叹与感动。我常想，我们应该从哪里找到湖南师大附中自强不息的根基，从哪里找到筚路蓝缕的线条，又从哪里找到勇创一流的印记。或许从抗战时期一些温暖我们、感动我们的故事中，可以找寻答案。

我曾去过无数的名胜古迹，甚至心血来潮地在历史与现实之间游走。"千古兴亡，百年悲笑，一时登览"让人感受沧桑，望尽苍凉；"不知江月待何人，但见长江送流水"又让人生出人生如梦的感慨；"争渡，争渡，惊起一滩鸥鹭"则让人拂去尘封已久的记忆，重返梦的家园。可沱市呢，谁去登临？大坪呢，谁在凭吊？高阳呢，谁来纪念？八年搬迁路，百千万故事，谁在讲述，又向谁讲述。

重走办学路，来一次七十年后的相遇，寻访了一些老校友，聆听了很多可歌可泣的悲壮故事。这八年，广益人为高擎教育的火种，跋涉在崇山峻岭，为安放一张平静的课桌，坚守在偏僻乡村；这八年，走出了黎介寿、黎磊石、张履谦三位院士，走出了朱镕基总理，走出了杨迪等共和国将军；这八年，迎着炮火，走出了一批批长眠青山的抗日英雄，擦干血泪，走出了中华民族的自尊与自信。

八年烽火，学校的艰难、老师的艰辛、同学的艰苦，汇成了一部催人泪下的学校外迁史。八年时光，民族的苦难，广益的苦难；广益的坚忍，民族的坚忍。历史的凝重与沧桑早已湮没在这片厚重的土地下，或许在某一个暴风雨的夜晚，还能激荡某些人的灵魂。

其实，历史就是历史，不论我们记得与否，它都已经发生。漫步在布满历史褶皱的沩水河畔、宜水堤边、舜水岸旁，穿过七十年的时光，静默的老屋依然飘荡着广益人坚忍不拔的故事。

2015 年是中国抗战胜利七十周年，也是湖南师大附中建校一百一十周年，这里讲述的是抗战时期这所中学经历八年磨难、自强不息的故事。老人们都将老去，而故事需要流传，在流传的故事中，先辈们高昂着头颅，令来者仰望，他们得以永生。把这些故事写下来，历史不再是精炼的文字，而是丰满的篇章；把这些故事写下来，历史不再是沉重的包袱，而是心灵的慰藉。

作　者
2015 年 3 月

目次

第一部分

风雨苍茫望沱川

——广益中学外迁望城访记

学校创始人禹之谟

卢沟桥事变（图片来源：百度百科）

1937年7月7日深夜，宛平城炮声响起。日本帝国主义狼子野心，悍然发动全面侵华战争，给中华民族带来了深重的劫难。卢沟桥雄狮怒吼，中华民族同仇敌忾，开始了艰难的八年抗战。7月8日，"平津危急！华北危急！中华民族危急！"的中共通电响彻全国。7月17日，蒋介石在庐山发表抗战宣言：我们希望和平，而不求苟安；准备应战，而决不求战。我们知道全国应战以后之局势，就只有牺牲到底，无丝毫侥幸求免之理。如果战端一开，那就是地无

蒋介石发表庐山抗战宣言（图片来源：百度百科）

分南北，人无分老幼，无论何人，皆有守土抗战之责，皆应抱定牺牲一切之决心，"唯有牺牲到底"的决心，才能博得最后的胜利。中共通电与国民政府庐山宣言，极大地鼓舞了民众与日本帝国主义抗争到底的斗志，更树立了中华儿女对于抗战必胜的信心。

国共两党合作抗战（图片来源：电影《毛泽东》）

1937 年 9 月，随着国共两党合作的展开，政治气氛宽松了很多。社会各界人士积极呼吁，团结抗战已成为时代的主流。民众的抗战情绪被充分调动起来，各界抗战后援会纷纷成立。此后，因为上海、南京的沦陷，长沙成为了全国抗战的大后方。一些高校如北大、清华、南开等组成临时大学迁到长沙，各界名流不约而同地集聚长沙，掀起了声势浩大的全民族团结抗日的浪潮。在这种形势的推动下，湖南私立广益中学的师生们也走出宁静的书斋，融入这股洪流之中。

长沙银宫电影院

（图片来源：E 都市网站）

当时长沙演讲集会的地方主要在五一路的银宫电影院①。沈钧儒、邹韬奋、李公朴、章乃器、王造时、史良和沙千里"七君子"出狱后，还专门到长沙银宫电影院作团结抗日的演讲。邹韬奋口若悬河，深入浅出；沈钧儒一口江浙话，虽说有些难懂，但那股忧国忧民的情怀却是时人所共通的。被毛泽东誉为"华侨旗帜，民族光辉"的著名爱国华侨陈嘉庚先生也来演讲，号召每一位中国人尽自己最大的能力，捐钱捐物支援前线将士英勇抗战。

著名战地记者范长江②在青年会所作了一场战地见闻的报告，极大地震撼了当时在场的每一位听众。

与此同时，全国知名的剧团纷纷到长沙演出。有与冼星海齐名的安徽籍作曲家张曙所领导的"新生歌咏队"带来的演唱会；湖南籍话剧演员向隅、胡然、黄浚表演的田汉的话剧《梅娘曲》，以及演唱《再会吧南洋》，反响强烈；上海剧作家熊佛西领导的隶属于陶行知先生"生活教育社"的乡村实验剧团，演出了杨村斌的《战歌》。人们蜂拥而至，挤满会堂。每当集会的时候，大家

著名战地记者范长江

（图片来源：百度百科）

---

① 银宫电影院建于 1928 年，欧式风格，是湖南长沙第一栋现代建筑国货陈列馆的附属楼，兼播放电影与集会功能．

② 范长江系民国时期《大公报》著名通讯记者，后转向共产党阵营，为抗战作出卓越贡献．新中国成立后担任《解放日报》《人民日报》社长等职，每年的 11 月 8 日作为中国记者节，并以"范长江新闻奖"作为新闻界最高奖项．

总是不约而同地唱起《义勇军进行曲》，悲壮激越的歌声响彻整个长沙城，唱得人们热血沸腾，斗志昂扬。而位于熙宁街的广益中学，又怎么能不被这股爱国的热情与气氛所感染？学校里的书桌早已不能像往常一样平静地摆放了，进出校门的管理因为时局的紧张也不似以前严格，在这样的情形下，广益中学的师生们时常参加街头集会、听演讲、看表演，爱国情绪日见高涨。

义勇军进行曲

（图片来源：我图网）

1937年10月，在国共合作抗日的形势下，中共中央派徐特立①、高文华、王凌波从延安来长沙建立八路军驻湘办事处。高文华任中共湖南省工作委员会书记，徐特立担任驻湘代表、少将参议，王凌波任办事处主任。办事处主要工作是：扩大和巩固抗日民族统一战线，宣传抗日救国的形势和中国共产党积极抗日的主张，与国民党湖南地方当局交涉释放被捕的共产党人和爱国人士，吸收革命青年奔赴抗日前线。徐特立经常走上街头，宣传抗日。他用长沙话公开演讲，一下子拉近了与在场听

教育家徐特立先生

（图片来源：百度百科）

众的距离，在广大群众特别是青年学生中产生极大的影响，广益学生还特地请他到学校作了一场演讲。

一个星期五的下午，高11班的刘一和、柏泽元决定拜访徐特立。当时八路军驻湘办事处设在黄泥街一个商号内②，他俩进门后，一个充满朝气、活泼开朗的女勤务员将他们带进堂屋，在堂屋的入口处有一张签名桌子，桌子后一位满脸笑容的中年人招呼着刘一和："来来来，签个字，你们是哪个学校的？""我

新四军将领袁国平

（图片来源：百度百科）

---

① 徐特立系长沙县江背镇人，创办并苦心经营着长沙师范学校，并到湖南第一师范等学校任教。他的崇高品德、渊博学识以及强烈的爱国热情，对毛泽东、蔡和森、田汉等许多有志匡时救国的学子产生了深刻的影响，后来被毛泽东称为永远的先生.

② 1937年初设蔡锷中路徐祠巷15号，1938年迁寿星街2号.

们是广益中学的，想拜见徐特立参议。""广益中学很好啊，欢迎你们，徐参议在里间。"中年人朝里面指了指。后来刘一和才知道，这位中年人便是曾经参加过南昌起义、广州起义、红军长征，后来担任新四军政治部主任的湖南邵东人袁国平[①]。

两位毛头小伙见到徐特立参议，开始不免有些紧张，但这点紧张很快便因着徐特立的亲切而烟消云散。当得知他们两位是广益中学的学生，徐特立立马打开了话匣子，先说广益中学的前身是惟一学堂，由民主革命先驱禹之谟创办，当说到"同胞同胞，其善为死所，宁可牛马其身而死，甚毋奴隶其心而生"时，徐特立站起来，脸色凝重的背诵起禹之谟的《遗在世同胞书》，并语重心长地告诫他俩要继承烈士的遗志，然后徐特立又谈起自己走上井冈山开展革命的经历。刘一和与柏泽元都是初次听到亲历者的故事，不由得心驰神往，大受启发。

当时刘一和是班上自治会的学术股长，他抱着试试看的心态请徐特立到学校举行一次演讲，好让全班同学都受益，没想到徐特立一口答应，让他俩喜不自胜。恰好第二天是周六，双方便约定下午两点到校。刘一和回到学校，立即张贴通知。

星期六下午两点，班上同学都到齐了，连外班同学和一些教师也挤到了 11 班，还有一些同学只能趴在窗户边等着，整个教室已找不到可以落脚的地方了。刘一和与柏泽元站在熙宁街口翘首张望，快到两点的时候，只见一辆人力车匆匆而来。徐特立跳下车，朗声说道："我不会迟到的，走，带我进去。"听说徐特立来了，整个校园都轰动了，闻讯赶来的同学与老师越聚越多，刘一和与柏泽元不得不临时将演讲的地方改在学校食堂。可食堂没有讲台，刘一和就找到两条长凳子拼凑起来，徐特立便站在凳子上开始演讲。

---

① 袁国平是黄埔军校第四期学生，1941 年 1 月发生皖南事变，袁国平在突围中英勇牺牲.

八路军驻湘办事处（图片来源：百度百科）

徐特立演讲的题目既不是怎样读书，也不是要如何抗战，而是怎样打游击战。题目新颖，大家都非常感兴趣。他说，共产党打游击是不发枪的，因为士兵有了枪，只顾得保存自己的枪，而忘记了要去抢敌人的枪。他们有两个师，开始都是梭镖、大刀，但后来个个都有了枪。他讲话语言幽默、声音洪亮，说到忘情处，更是唾沫四溅，引得大家笑声不断。

刘一和后来在回忆中写到，徐特立走后，学校主事王季范找他谈了话，说他办事孟浪，是"初生之犊"，事先也没有告知学校，倘若招来国民党特务，不知会惹出怎样的麻烦。刘一和见徐特立演讲在学

皖南事变（图片来源：百度百科）

校引起这么大的轰动，全因自己的诚挚邀请，学校主事不但没有表扬，反而埋怨，心中很不是滋味。他口头上答应以后一定注意，但内心却十分反感，认为王季范胆小怕事，是一个顽固分子。直到新中国成立后王季范去世，《湖南日报》刊登他的追悼会的消息，刘一

和才知道王季范是毛泽东主席的表亲，也是毛泽东在湖南第一师范的老师，时任国务院参事，是一位爱国人士，利用教育人士的身份，曾营救过被捕的共产党员，并掩护一些共产党员的革命活动。刘一和回想起当年的情景，王季范其实是爱护他的，心中后悔不已。

1938年春，日军铁蹄迫近湖南，飞机开始轰炸长沙城，时局骤然紧张。据《长沙市志》记载：4月10日日机二十七架轰炸长沙，死学生、居民三十八人，伤七十八人，湖南大学图书馆被毁[①]。熙宁街往日的宁静被打破，广益中学师生开始时不时地躲警报。据初29班学生杨昌杰回忆，当刺耳的警报响起的时候，大家迅速分散跑到熙宁街近郊的农田中利用树木、水沟、草垛躲起来。有时遇到敌机很多的大警报，不得不提早过河躲到岳麓山去。有一次一架苏联援华的战斗机因故障迫降在熙宁街的农田中，飞行员日夜守卫在机翼下，等待救援。同学们都

惟一学堂创始人禹之谟先生

（图片来源：湖南师大附中校史馆）

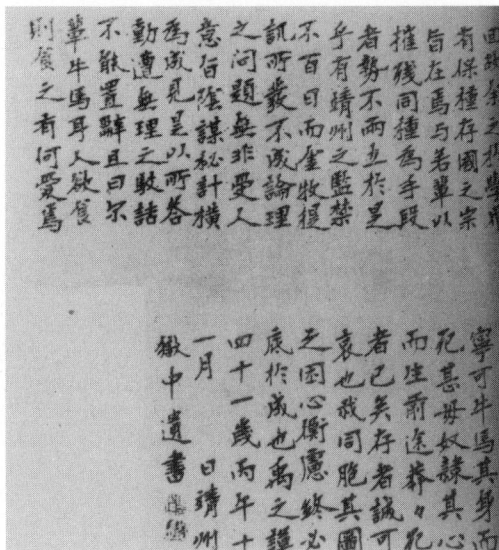

禹之谟先生墨迹

（图片来源：湖南师大附中校史馆）

---

① 今日湖南大学牌楼口路的校门，有两根高大的石柱，就是日机轰炸湖南大学图书馆时留下的门廊立柱遗迹.

王季范（右一）

好奇地围观，总算见到真正的飞机，觉得中国连连失利，就是飞机太少的缘故。

进入7月，长沙酷暑难耐，湘江水面上泛着一片白光，岸边的柳树垂头丧气，下河街一年前大水淹掉的痕迹还清晰可见。广州、武汉危在旦夕，长沙也笼罩在焦躁的气氛之中，北京、上海、南京、武汉等地内迁的政府机构、厂矿单位开始向更后方的大西南撤离。"卢沟桥事变"后，日本认为中国的"各级学校均为反日集团，所有知识青年均系危险分子"，因而大肆摧残中国教育尤其是高等教育。为抗日救亡、保存民族教育、保护高等教育的有生力量，国民政府开始有计划地内迁高等院校，从国立中央大学内迁四川起算，整个抗战时期内迁了一百二十

日军轰炸长沙（图片来源：黄埔军校网）

四所高校，进行了一场史无前例的教育大转移①。由于条件有限，只有像北大、清华、南开、复旦等著名学校在政府的指导下有序搬迁，大多数的私立学校只能自己想办法生存。望着头顶上越来越多的飞

---

① 1938年，国民政府还特别成立了全国战时教育协会，负责全国各地学校和研究所的迁建工作.

机，湖南私立广益中学决定立即疏散学生，开始内迁。

二

　　屋漏偏遭连夜雨，船迟又遇顶头风。国难当头，人心惶惶，学校疏散，毫无头绪。就在这样的危难时刻，学校校长罗介夫竟惨遭奸徒杀害，全校师生悲痛欲绝。8月13日早，罗介夫从河西三叉矶的家中乘轿到河东的学校上班，当时天色微明，行至人烟稀少、杂树丛生的观沙岭时，被时任南京内务部部长何键收买的三个奸徒射杀，当场身亡。

　　罗介夫①是浏阳古港人，幼年聪慧好学，就读于岳麓书院，后官费公派留学日本京都大学攻读政治经济学，并结识孙文加入同盟会。回国后，与禹之谟等人一起创办惟一学堂。禹之谟牺牲后，惟一学堂改名广益英算专修科学校继续办学，后清政府在办学审查时将其易名为广益中学堂。1912年民国建立，教育部颁布《普通教育暂行办法》，将学堂一律改名学校，广益中学堂则成了广益中学。广益中学的首任校长便是罗介夫。

广益中学校长罗介夫先生

（图片来源：湖南师大

附中校史馆）

---

　　① 罗介夫（1889—1936），原名罗良干，湖南浏阳人．早年以秀才保送至日本京都大学留学，攻读经济学．1905年加入同盟会，回国后任教于惟一学堂．1910年创建浏阳驻省中学堂．1912年任广益中学校长，1913年去职，任国民党湖南支部总务副主任、《民国日报》总经理、湖南省参议会议员．国民党二次革命失败后，被通缉，再度留学日本．回国后，1920年2月至1922年6月第二次任广益中学校长．第一次国内革命战争时期，罗介夫任国民革命军第二军官学校教官、湖南大学法科学长等职．1931年任中央监察院委员，被称为"铁面御使"．1928年至1936年任广益中学董事会董事长，1937年第三次任广益中学校长．1938年被何键收买的凶手杀害．公葬于岳麓山，著有《中国财政问题》一书．

他尽其所能发展学校，"于固有中学之外，增办大学预科及法政经济特科"，着力培养政府急需的专业人才。后来毕业于哥伦比亚大学，曾任湖南省教育厅长、湖南大学校长、广益中学董事长的黄士衡就毕业于这一时期。

广益中学董事长黄士衡先生

（图片来源：湖南师大附中校史馆）

1912 年 8 月，同盟会改名国民党，罗介夫担任了国民党湖南支部总务副主任、省参议院议员、省党报《湖南国民》报总经理等职。民国建立后，时局从未平静，暗流涌动，激流澎湃，波诡云谲，危机重重。广益中学学生"研究学问之余，仍关心政治"，发申明，写传单，极力反对袁世凯向五国银行团借款出卖国权，以此埋下祸根。1913 年，国民党二次革命失败后，袁世凯大肆摧残革命力量。袁世凯的心腹汤芗铭取代谭延闿就任湖南都督，他解散省议会，查封报社，通缉革命党人，查处反袁团体。广益中学被收回永久校址，学校津贴被停拨，汤芗铭意欲迫使广益中学自动停办。罗介夫遭通缉，被迫辞去校长职务，先逃离长沙，后匿名上海，再亡命日本，继学于早稻田大学。

1920 年 2 月至 1922 年 6 月，罗介夫再任广益中学校长，时值军阀赵恒惕[①]任湖南省省长，鼓吹联省自治，仍对广益中学"摧残不遗余力"，学校办学困难重重。1928 年至 1936 年，罗介夫出任学校董事长。1936 年底任邦柱校长病逝的危难之时，罗介夫第三次出任校长。从 1931 年始，罗介夫当选为南京国民党监察院监察委员，"对于弹劾

---

① 赵恒惕系衡山人，护法战争任湘军总司令，1921 年 4 月任湖南省长，1926 年被唐生智赶下台。

案件，极为认真，素有铁面御史之称"。全民族抗战爆发后，罗介夫大声疾呼"抗战必胜，首在铲除贪官污吏"。

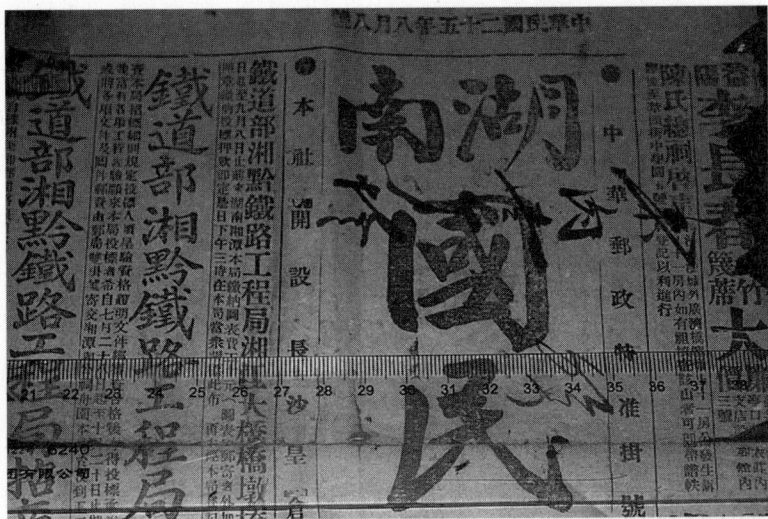

《湖南国民》报（图片来源：湘泉雅集网）

自 1929 年 2 月开始，何键①担任湖南省政府主席，1937 年 11 月，蒋介石调何键担任南京国民政府内政部长，结束了长达九年的治湘时间。1938 年 5 月，长沙士绅"以何键主湘九年，横征暴敛，额外勒索人民达数千万元"，投诉行政院。7 月 20 日，宁乡各公法团体电请罗介夫彻底清查何键任内账目，罗介夫当即答应。何键得知后，找到罗介夫，想以五万元作为广益中学办学基金进行拉拢，遭到罗介夫严词拒绝，

著名教育家方克刚先生

（图片来源：互动百科）

---

① 何键系醴陵人，湖南地方军阀．1927 年指使部下发动马日事变，1930 年 11 月 14 日于识字岭杀害毛泽东的结发妻子杨开慧．

并声言要代表湖南几千万人民与何键清算到底。何键又派人送巨款给罗介夫的妻子治病再行拉拢，又遭罗介夫大声斥责。一身正气的罗介夫与方克刚、宾步程①等组织湖南各界清算委员会，对何键发起弹劾。何键怀恨在心，惶惶不可终日，于是密派内务部警察来湘侦察罗介夫的行动，收买杀手，置罗介夫于死地。

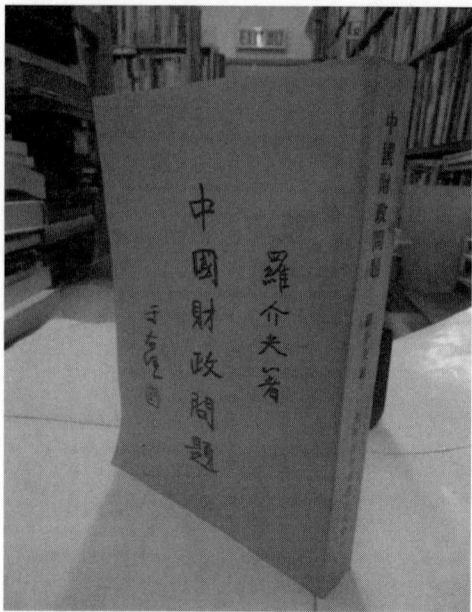

罗介夫著《中国财政问题》

（图片来源：孔夫子旧书网）

时局动荡，新任湖南省政府主席张治中②虽义正词严，声明严惩凶手，但最后草草了事。校长被害，师生们悲从心起，将罗校长遗体运回学校，在操场上搭灵棚，折纸花，扎花圈，悼念罗校长。各界人士纷纷送来挽联："精神不死，风范永存；灵魂驾鹤去，正气乘风来。"学校送的挽联"万里晴空悲落日，千行泪水洒长空"挂在灵堂正中央，表达了全校师生对罗校长逝世的无限悲痛和对他无限缅怀之情。全校师生停课两天，将罗校长安葬在河西岳麓山下的凤凰山，祈愿明月常相伴，青山永相随。今天在湖南师大附中校史馆，还留有两个古铜墨盒，分别写着"自强不息"、"人心之正"，就是罗介夫校长的手迹，他还留有一本上海太平洋书店出版的著作——《中国财政问题》。

---

① 方克刚系平江人，民国教育家.1910 年创办长沙妙高峰中学，曾任选省参议会参议员；宾步程系东安人，同盟会会员，民国实业家，曾任选省参议会参议员.

② 1937 年 11 月至 1939 年 2 月治湘.

广益中学校长曹孟其先生

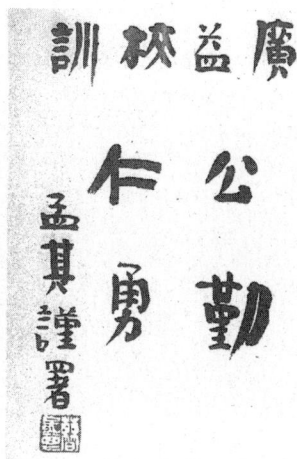

曹孟其题写广益校训

（图片来源：湖南师大附中校史馆）

　　面对日趋恶劣的情势，外迁一事迫在眉睫。广益中学校董事会紧急商议，推选曹孟其①为校长，黄士衡为董事长。曹孟其是第二次担任广益中学校长，第一次是民国三年，罗介夫被通缉，广益百废待兴，31岁的他风华正茂，带领师生建校舍、斗军阀，撑起了学校。如今于危难之时又要担当大任，因其时任湖南孤儿院②院长，一时无法到学校主持工作，董事会便委托王季范担任学校主事。

　　8月17日上午，日军十八架飞机空袭长沙，在经武路、南门、

---

　　①　曹孟其（1883—1950），原名曹惠，湖南长沙县人．早年肄业城南书院和警官学堂．民国时期，曾先后主持贫民工艺厂，任湖南省督军署秘书、警察厅秘书；北伐时任国民革命军前敌总指挥秘书等职．他担任湖南孤儿院院长二十余年，捐出自己全部田产，以院为家，视孤儿如子女，为时人所称道．1914—1920年兼任广益中学校长，1937—1938年8月任广益中学董事长．1938年9月起再兼任广益中学校长，1950年1月病故．他任广益中学校长期间，不领薪水．曹孟其博学多才，诗联均佳，其书法自成一派，称为"童体"．湖南师大附中保留的"公勤仁勇"校训和"之谟图书馆"匾额是他1947年题写的．曹孟其先后两度任广益中学校长达十八年，对学校的建设和发展作出了贡献．

　　②　湖南孤儿院的前身是1913年乡绅易雨恂创建的保赤贫儿院，创办之初，收养孤儿两百名左右．1928年，由院董会公推院长主理院务，设置学校，对入院孤儿施行国民教育，兼习职业，使其出院后能独立谋生．收养期限定为六年，前四年读书，后两年工读各半，以十三岁为出院时间．曹孟其任院长的时候，全国孤儿院考绩，该院名列第一．

湖南孤儿院（图片来源：长沙里手网）

新河一带投弹一百二十余枚，炸死二百多人，炸伤五百余人，炸毁房屋三百多栋。城内毫无安全可言，人心更加惶恐。长沙一些学校已陆续准备外迁，湖南大学选址辰溪，湘雅医院将迁贵阳。浓烟滚滚湘江边，拔剑四顾心茫然，广益中学的几百师生又迁到哪里？要如何才能安顿好只有十几岁的七百四十名学生？三十多名教职工拖家带口，又如何一起前行？正当大家愁眉不展之时，学校数学老师汤执盘建议，是否可以迁到他的老家——望城新康乡沱市村，村街上有一座大庙，占地十几亩，可以安顿几百学生。再说沱市距长沙交通还算方便，水陆都可以到达，大约七十多里。众人一听，大喜过望。王季范主事立即派几位工友和汤老师前往沱市联系，万望找到落脚之地。在几百双眼睛的期盼下，汤老师带着学校委托信函，背着蓝色褡裢，一袭长褂，行色匆匆地离开熙宁街，晃过一条小巷，跨上江边的小舟，下霞凝，逆沩水，赶往沱市商洽搬迁事宜。

沱市百姓一片心，广益师生得安身。几天后，汤老师一身风尘满身疲惫却十分喜悦地回到长沙，见到在湘江边焦急等待结果的王季范，告知一切妥当，沱市百姓愿意收留广益中学师生。王主事紧紧握着汤老师的手，喜极而泣，语带哽咽地说："快，快，快告诉同学们，准备搬迁。"

从1938年8月下旬开始，直到1945年12月，广益中学筚路蓝缕，开始了艰难困顿的流浪岁月。

　　王季范立即召开会议，布置撤离工作：高中生响应省政府采取的全民抗战的号召，由军事教官带往南岳接受军事训练，作为抗战的后备力量，集训完后再回到沱市；初二、初三学生立即前往沱市，放假回家没赶上的同学自行前往；初一新招的学生集中后再离开；教职工及家属随初二、初三学生一起走。王主事要求老师们切实保障学生安全。

　　8月22日，初二、初三学生将教室的部分桌椅、黑板、书籍、行李等物品，从熙宁街搬到码头的船上，用船运到沱市，学生则组队步行前往沱市。初一新招的学生23日集中，王季范主事里里外外张罗，忙碌不止。突然他想起一件事，初一新生要学会唱校歌，而音乐、美术老师均在几个学校兼课，没有人愿意到只有一所学校的沱市乡下去教书。王季范想，

1 = C调 4/4

广 益 中 学 校 歌

广益，广益，湖南革命策源地，先烈艰辛难尽述。耿耿精诚都付与，莘莘学子，愿学业修明，愿效忠党国。继往开来，同心努力，广益，广益，光荣犹未已。

战争时期，音乐美术两门课可以暂且不开，但新生不可不唱校歌。正当他一筹莫展的时候，他在校门口碰到了暑假放假返校的初三29班的学生杨昌杰，大喜过望。杨昌杰返校刚到码头，就遇到同班同

学，告诉他班上大部分同学已经迁往望城沱市了，要他赶紧先去学校报到，然后去沱市。杨昌杰走入熙宁街，明显感到商家店铺关门不少，街上冷清了许多。他刚一踏入校门，恰好碰到王季范主事。"昌杰同学，你是及时雨，来得正好。"王主事一把拖住杨昌杰，就往办公室走。"王主事，我们班同学都走了，我也要赶到沱市去。"杨昌杰搞不懂王主事叫他做什么。"昌杰啊，你音乐好，现在初一新生正在集合，你来教会他们唱校歌。"王主事一脸诚恳地对杨昌杰说。杨昌杰想都没想，立马答应。在一间大教室，杨昌杰一句一句教新同学校歌，"广益，广益，湖南革命策源地……"同学们都认真地跟着唱。王季范主事坐在教室的后面，听着广益中学的校歌，一时内心翻腾，想起广益中学的艰辛岁月，不禁潸然泪下。

广益中学校门

（图片来源：湖南师大附中校史馆）

杨昌杰用两个小时教会大家唱校歌后，王季范组织大家离开学校前往沱市，他把所有同学送到熙宁街街口码头，嘱托老师多加照顾，反复告诉家长放心。码头上，同学们挥手与父母告别，与王季范告别。大家唱着校歌，登上了长沙到靖港的轮船，然后在靖港换乘木船到达沱市。正是王季范的这次点将，使杨昌杰对音乐爱好日渐浓厚，后来成为了中国音乐家协会会员、第六届全国人大代表、湖南省第一届至第四届政协委员和省文联委员。

王季范将所有学生送走后，从码头返回熙宁街。"熙宁"二字，寓指光明、安宁之意，取自宋神宗年号。神宗年间，王安石实施变法，国家财力增加，百姓生活安定。可如今，取街名的人哪里知道熙宁街正遭受一场空前的劫难，熙宁熙宁，何日能宁啊！他踏着磨得光滑的深色青石板，来到校门口。望着空洞洞的学校大门，王季范心中一下子空空荡荡，没有了学生们琅琅的书声，没有了孩子们稚嫩的歌声，没有了追逐打闹的身影，也没有了清亮的讲课声，内心忧虑的他不由得重重咳嗽起来。外敌入侵，山河破碎，学校危难，不得不举校逃难，几百师生流离失所，不知何时才能回来。他用颤抖的手抚摸着校门石柱，指着门楣上方"广益中学校"五个遒劲有力的大字，反复叮咛守校的工友：一定要守住，一定要等大伙回来。

"我们一定要回来，一定要回来！"王季范看着慢慢关上的校门，喃喃自语，转身朝着熙宁街青色的光亮大步走去，留下一个长长的背影……

四

美丽的望城县城（图片来源：望城县政府网）

2014年9月3日，长沙少有的凉爽夏天渐行渐远，秋老虎也没有往年的气势，天气温和，微风习习。湖南师大附中副校长黄月初邀上我，带着摄像刘军林、谢武龙老师，驱车前往望城，开启了"重走学校办学路"的首次旅程。心中存下的很多的未知与疑惑，希望借此行得到一些释然，哪怕只得到一些历史的碎片也足够了。

出发前，黄月初副校长做了一些行前功课。联系了望城新康乡人大李智勇主任，拜托他先行查找一些诸如《长沙县志》等资料，拜访一些高寿的沱市老人，以便我们的寻访顺利。望城县设自秦汉，经三国，历隋唐，隶属长沙郡、长沙国、长沙县，虽有变更，直到1977年从长沙县分出成立，单独设县。

《长沙县志》

（图片来源：孔夫子旧书店网）

新康乡人大李智勇主任从县志上找到了短短的一条记载，抗日战争期间迁入境内的学校：民国二十七年9—11月，湖南私立广益中学迁入今新康乡沱市。当我看到这段记载时，心中满是欢喜。在那样动荡的岁月，短短两个多月的停留，居然有记载，修志之人真是可敬。就是这短短的一行字，却将我带回到历史的记忆深处和此次寻访的无限期盼之中。

汽车一路向北，今天的望城已是全国乡村旅游城市，山清水秀，景色宜人。沥青公路两旁树木成行，花草也修剪得整整齐齐。

沱市，说是"市"，其实是一个乡村集镇。据记载，小镇兴起隋末唐初，得天独厚的地理位置，引来无数商贾。清道光年间，街上商铺云集，白天红男绿女摩肩接踵，月夜茶楼酒肆灯火通明。

汽车在沩水河堤上缓慢行驶，举目四望，沱市南有青山千仞，连绵起伏；北望平川一马，良田万顷；沩水西通宁乡，东连湘江，穿市而过；村内河网交错，沟渠纵横：真是一块风水宝地。车行十几公里后，沿河堤而下，经过一段砂石路，便到达了此行的目的地

——沱市辖神庙。

美丽宁静的沱市

　　走下细看，辖神庙临街而建，正殿前是一对高大威猛的雄狮，气宇轩昂地护卫着殿门。沿七级台阶而上，廊前两根大柱，一副楹联特别醒目：沱水漾晴光，庙宇重修酬峻德；南岳留胜迹，金身再塑颂鸿猷。一看便知是记重修之事。推开八扇声音吱呀的雕花木门，迈过高高的门槛，两条钛金蟠龙紧紧盘旋在朱红大柱上，昂首探爪，栩栩如生。大殿其实不大，甚至有点局促，蟠龙柱后是三座朱红神龛，正中间是盖天古佛，联云：匹马斩颜良，河北英雄齐丧胆；单刀会鲁肃，江南名士尽低头。自古无关不成庙，此庙关帝稳坐正中央，左边是戴公三圣、福禄财神，右边是南岳圣

沱市辖神庙剧院内部

帝、荣禄大夫。这里的神像与别处不同的是其为真人大小，也没有慈眉善目、手拈兰花，而是表情严肃、正襟危坐。我想，这恐怕是沱市的百姓在祭祖，保留传统的祠堂家风。后殿院落中有一座圆形香炉，浇铸着"望城辖神庙"、"国泰民安"等字样，一座小观音殿门联云：暮鼓晨钟，惊醒世间名利客；经声佛号，唤回苦海误途人。佛家说"无缘大慈，同体大悲"，大慈大悲的观世音面对苦海众生，慈航普度，残存的香烛可以看出善男信女们的无比虔诚。

与正殿相对的是辖神庙剧院，能容纳上千人，入口建有照亭，联为：风调雨顺观古今，歌舞升平映乾坤。戏台有一百多平方米，台前立柱书楹联一副：河山社稷为谁开？听残铁板铜琶，千古兴亡归眼底；将相公侯由我作，看到忠肝义胆，万年史册系心头。每年农历七月十二日，相传是辖神生日，剧院要举办为期一月的庙会。益阳、宁乡、南县、湘阴、衡阳等地的戏班子，你方唱罢我登台，尽显看家本领。剧院西侧围栏内是一座生铁铸造的九层铁塔，耸立云天，默默地镇守着一方天地。

香火旺盛的沱市辖神庙（图片来源：百度图库）

辖神庙始建于元朝，当时朝廷昭修南岳大庙，而湘潭同知阿儿思兰是总管，廉洁奉公，为百姓殚精竭虑，赢得了百姓的尊重。后人没忘前贤，修祠纪念他，"源于南岳，远镇沱川"，是为辖神。明洪武年间在望城徐家坪建庙，清乾隆移址沱市。《辖神庙志》云："沱水之流，浩浩一泓；直会湘江，奥辑神明；苍生祈祷，烟波溟溟；辖管四境，神佑万民。"辖神庙后来几经战火，几度被毁又几度重修。清咸丰六年（1856）重修后，"日有千人朝拜，夜有万盏明灯"。1957年破"四旧"，辖神庙被无情地扫入历史的垃圾堆。1992年，在原址东向几十米的地方进行了重修。重修后，方圆百里，前来祭拜之人，络绎不绝，香火旺盛。辖神庙的几度兴废，犹如朝代之更替，见证了历史的硝烟与百姓的安宁。正如《重修后记》中所说："辖神庙几度风雨，而神灵宛在。毁，凸显时局之动乱；兴，彰显社会之安宁。"

五

在大庙西边的办事房，我们寻访到了1935年出生的熊福元老人。"1938年广益中学搬来的时候，我那时还很小，已经记不太清当时的事情了。但小时候玩的街道、辖神庙还是有很深的印象。后来改修河堤，过去的街道都变了，庙也移了位置，但大致还是在这里。我十几岁的时候，听父母、兄长、街坊聊起街上的一些事，其中就有广益中学，现在还记得一些。"老人个子不高，脸庞瘦削，年近八十，理了个板寸头，更显得人精神矍铄。他思路清晰，说话干净利落，一看就是文化人。得知我们的来意后，老人慢慢吸了一口烟，然后缓缓吐出，就在轻轻飘散的烟雾中，他带我们走进了一段烽火连天的艰难岁月……

当年的沱市其实是一个小的集市，五十多户人家依沱水而居，非常静谧。广益中学搬来后，初高中共有十二个班，初中生住在辖神庙和严家祠堂，高中生南岳集训返回后住在土家湖，租用程家祠堂和一些民房。老师们则分散借住在附近农户家中。当时正好是夏天，学生常在河里洗澡，会游泳的同学常常到河里抓些小鲫鱼，拿到厨房请大师傅做一份剁椒蒸鱼，打打牙祭。

"那时候辖神庙很大，广益学生搬来后，学生吃住都在庙里。老师们白天给学生上课，晚上在庙里给沱市的百姓办夜校，教当地人读书识字，做了很多好事。"听着老人娓娓的述说，我脑海中仿佛浮现出一幅幅斑驳的画面：青灯古佛旁的简陋课桌、求知若渴的炯炯眼神、身穿长衫的瘦削先生、红烛摇曳下的识字百姓，一幅幅、一张张都在我眼前晃动；我仿佛清晰地听到广益师生们的交谈声、沱市百姓的寒暄声、天真孩子们的欢笑声以及街道上梆梆中夹杂的"小心火烛"的提醒声，这声音从这座大庙出发，穿过这条狭窄街道，越传越远，越传越远，直到天边的晨曦。

然而时局令人始料未及。1938年10月25日，武汉沦陷，大量的机关、工厂难民和伤兵涌入长沙，加上当时长沙作为上海、南京等地会战的后方，当时五十多万人口骤增至一百多万。虽说商业繁荣，但到处拥挤不堪，长沙由抗战的后方瞬间变成了前线。11月11日，岳阳失守，国军顽强地将日军阻击在新墙河，战局异常严峻。12日，蒋介石密电张治中："长沙如失陷，务将全城焚毁。"13日凌晨，误传"日军已到新河"，纵火队四处点火，整个长沙城一片火海。大火整整三天三夜未尽，全城五万余栋房屋被烧毁殆尽，三万多百姓葬身大火，古城长沙城满目疮痍，遍地哀鸿，成为了第二次世界大战历史上毁坏最严重的城市之一，史称"文夕大火"。

消息传到沱市，刚刚安顿下来的师生悲从中来，一些长沙城内的学生哭喊着要回家。国破家亡，家在何方。深秋的沩水河，衰草枯黄一片，裸露的河滩乱石成堆，但涓涓细流仍从石缝、河沙中浸出，只要熬过冬的严寒，等到春上，就会重回洪流涤荡的浩浩生机。学校立即召开董事会，决定迅速遣散师生，各自寻找安身之所，待局势稳定后再做决定。广益中学再次陷入风雨飘摇、前路茫茫之中。

11月16日，学校提前举行了考试。18日举行了简单的休学仪式和毕业仪式。中午食堂加了几个菜，算是散学席。初中毕业班29

班学生不忍别离，都到班上骆振刚家里喝酒话别。骆振刚家住沱市，家境富裕。同窗三年，今朝一别不知何时相见，想到此处顿生无常之感，边喝边聊，边聊边唱。席间唱得最多的是由田汉作词、冼星海谱

长沙文夕大火（图片来源：黄埔军校网）

曲的《黄河之恋》：我是一个大丈夫/我情愿做黄河里的鱼/不愿做亡国奴/亡国奴是不能随意行动啊/鱼还可以作浪兴波/掀翻鬼子的船/不让他们渡黄河……悲愤的呐喊飘荡在沱市的上空，直到夜半大家才挥泪离别。

19日天刚蒙蒙亮，初三凤凰籍毕业生杨昌杰、刘壮翀，安化籍刘福田背着自己的住宿用品与书籍走路到靖港，然后乘船沿湘江往洞庭湖，踏上了漫漫的回家之旅。船到常德靠岸后，搭乘一辆长沙商行的汽车，开往沅陵。谁知日机空袭常德机场，飞机就在他们的头顶上呼啸而过。日机见马路上只有一辆汽车，也没有防空火力，所以肆无忌惮，飞得很低，丢下几枚炸弹，再用机枪一阵扫射。杨昌杰、刘壮翀看到敌机飞过来，立马跳下车，躲到长满荆棘的水沟边。炸弹在汽车不远处爆炸，子弹在头顶呼啸而过，幸好跳下车有了掩护才没有被伤到，好几个没来得及跳下车的人被机枪撂倒，一片哭喊。此后杨昌杰踏上了抗日救亡和革命的道路，1939年秘密入党，一直从事音乐创作，熟为人知、广为传唱的《天上太阳红彤彤》就是其与音乐家宋杨合作而成的。

"广益中学离开沱市时，将带来的所有办公用品都留下来了，给

天上太阳红彤彤

1=bB 4/4

热烈地 稍快

湖南歌曲征集组改词
宋 扬曲

天 上 太 阳 红 啊 红 彤 彤 呢，心 中 的 太 阳

毛 泽 东 啊，他 领 导 我 们 得 解 放 啦

人 民 翻 身 当 家 作 主 人. 依 呀 依 子 哟 呢

呀 呀 子 哟 啊，人 民 翻 身 当 家 作 主 人.

天 上 太 阳 红 啊 红 彤 彤 呢， 心 中 的 太 阳

毛 泽 东 啊，他 领 导 我 们 奋 勇 向 前 进 哪，

无 产 阶 级 江 山 一 呀 一 片 红. 梭 拉

啦 子 梭 拉 拉 子 一 呀 一 片 红.

杨昌杰参与创作的歌曲

（图片来源：中国词曲网）

了当地的沱市小学。我在这个小学读完高小，当年坐的可能就是广益中学留下的凳子。"老人微笑着说。在辖神庙西边几百米处的沱市小学今天还在继续办学，如今此处已经矗立着一栋高大的楼房，教室窗明几净，座椅干净整齐。历史的印记都已沉淀在这所学校深厚

的地基中，只有仔细寻找，才能找到当时的印痕。

广益中学学生军训旧照

（图片来源：湖南师大附中校史馆）

"我还清楚地记得一件事。"老人用非常肯定的语气对我们说道，"在20世纪50年代的时候，我看到广益中学留下来的一个木柜子，是放书和作业本的。柜子是深黑色的，但里面的背板是暗亮的颜色，上面写着八个字："扫平倭寇，还我中华。"老人喃喃自语，"广益中学的学生是很爱国的，很爱国的。"老人目光凝望着我身后的墙壁，似乎在回首自己年轻时的一段往事。

"扫平倭寇，还我中华。"老人缓缓吐出的八个字深深震撼了我。这八个字，是广益中学师生的心声，也是那个时代一个民族不屈的誓言，它照亮着人们前行的崎岖道路，照亮着巍巍华夏的漆黑夜空。就是从这里，很多广益学生离开父母，穿上军装，加入了童子军，怀揣着老师的教导，怀揣着民族的悲愤，义无反顾地走上了抗日战场，走上了一条洒满血雨的牺牲之路。

从老人那里出来，我为能找到广益中学这段历史长吁了一口气，历史也许不能长留于建筑，但一定会活在人的记忆中。向西走出庙宇，在村支书的指引下，我们一行来到河堤外的一个大草坪。"这里就是原来辖神庙的位置。"村支书指着前面的草坪说道。高高的河堤下，野草长得正茂盛。我跨过小路边的一片菜地，趟开茅草来到草坪中间，微风吹来，茅草发出唰唰的声音。我站立的地方，当年或许放着一张课桌，也许放着那个书柜。齐膝深的茅草似乎要将历史的真相掩埋在这片潮湿的土地，不料七十年后这个少有的凉爽初秋，我们惊醒了她的沉睡，沧桑得以重新提起。

轻轻踩着沱市这片土地，就像踩着一本厚厚的书，其间的一切早已泛黄，而久远年代里留下的情怀却依然浓烈。行走在缓缓的沩水，捉住一段湿漉漉的记忆，敲打键盘，期待文字的永恒。不远处，一艘锈迹斑斑的铁船静静地躺在河堤上，也许历史太过沉重，它需要在这里暂驻休息吧。

第二部分

流水悠悠念大坪

——广益中学外迁常宁访记

1938 年 11 月 16 日，身穿戎装、披着斗篷的国民政府军事委员会委员长蒋介石在张治中等人陪同下登上天心阁看到一片焦土的长沙城时，默默无语。抗战一年多，人民背井离乡，国土沦丧，叫人神伤。淞沪会战，伤亡三十万人，

长沙会战（图片来源：中安网）

蒋介石视察长沙军事布防

（图片来源：湖南抗日战争纪念网）

幸赖前方将士拼死抵抗，粉碎了日军三个月亡我中华的狂妄意图，打出了我中华男儿的英雄气概。为长久计，弃守南京，三十万百姓惨遭屠戮，昔日繁华京城，却成人间地狱。徐州会战，将士们以血肉之躯抵挡了敌人的铁甲部队，大长了国人胜利信心。

花园口决堤，虽延缓了日军进攻步伐，但洪水又让千万人民无家可归，无奈之举啊。10月26日凌晨，武汉又陷落，家不成家，国将不国，政府有责啊。

当敌人还在两百多公里外的新墙河时，长沙守军居然以为敌军已在二十多公里外的新河，遂匆忙下令焚毁长沙城。可怜千年古城，经此一炬，化为焦土。损失如此惨重，不杀何以谢国人？想到此处，蒋介石突然目光严厉地射向张治中，大声斥责道："渎职殃民，一律枪决。"

毛泽东《论持久战》（图片来源：人民网）

1938年11月20日，长沙警备司令酆悌、警备第二团团长徐昆以"辱职殃民"，长沙市公安局长文重孚以"未获命令，放弃职守"，在南门口外侯家塘被执行枪决，以平民愤。湖南省政府主席张治中、长沙市市长席楚霖革职留任，以观后效。

武汉陷落后，战局形势开始发生变化。在漫长的战线上，日军陷入侵略中国的泥潭无法自拔。国民政府开始实施以空间换时间的战略构想，将祖先留下的广袤国土和大自然赐予的高山湖泊变成了中华民族在最艰难时期生存的宝贵资源，开始腾出手来，在中华大地的白山黑水、黄河长江之间，编织为日军准备的绞索，力图将每一寸土地变成敌人的坟墓。当时中国最负盛名的军事理论家中国陆军大学代理校长蒋百里说："对于日本人，千言万语，只要不和它讲和。"1938年底，重庆国民会议召开，爱国华侨陈嘉庚提出的"官吏谈和者以汉奸论罪"议案被一致通过，定名为"日寇未退出我国土前不准言和"。年底，毛泽东将游击战提高到战略地位，发表《论持久战》。然而，汪精卫却突然离开

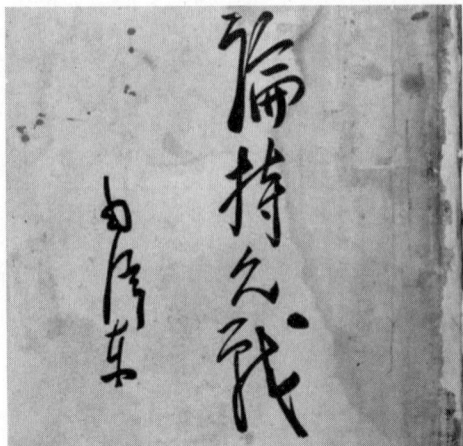

毛泽东《论持久战》
（图片来源：中国收藏网）

重庆，取道云南，潜入河内，现身南京，与日本官员推杯换盏，开始了他的所谓"和平曲线救国"。

1939年的长沙新年，没有往年的繁华与热闹，街上到处是砖瓦木料，人们忙着重建自己的家园。不少人家仍按照习俗，贴春联，挂灯笼，图个喜庆。但下河街一个商户的春联却只有两个字，右边一个"年"，左边一个"老"，"年"字倒过来贴，"老"字少写一笔。人们经过时，纷纷揣测这户人家的意思：年到了，可老子没一点。文夕大火后，政府只发给每人五元的救济，杯水车薪，人们只能靠自己重建家园，多年心血毁于一旦，心情可想而知。

正月初三，长沙人按照"初一崽，初二郎，初三初四拜地方"的习俗，开始走门串户。广益中学的语文老师李之透起了个大早，穿上青灰色的长袍，擦了擦圆镜片，接过老伴递来的毡帽，走出熙宁街。街上行人还很少，青色的石板依然泛着白光。原来他要赶到校长曹孟其家里开广益中学董事扩大会。

李之透①，原名李宝兰，常宁柏坊镇人，1907年出生。他的父亲李际虞，是一名老中医，精通古文。李之透自幼随父读书，善作诗文。1927年在武汉中山大学读预科时，加入中国共产党。1928年被捕入狱，屡遭严刑拷打，1929年4月出狱，回到家乡当小学教员。1930年，改名之透，考入广益中学高1班，毕业后考入湖南大学中国文学系。1937年大学毕业，拒绝高官聘请，毅然回母校广益中学教书。这时卢沟桥燃起抗日

广益中学校长李之透先生

（图片来源：湖南师大附中校史馆）

烽火，湖南省主席张治中为唤醒民众、广泛开展抗日救亡运动，就从省城大、中学校中调派一批骨干教师，分赴各县担任民兵训练指导员。李之透于当年10月被任命为常宁县民训总队指导员，和他一起担任总队指导员的还有当时湖南国医专科学校训育主任、《湖南力报》总主笔常宁人秦绶章。常宁民训总队队长由县长陈幼鸣兼任，分区设五个大队，李之透分管一、四、五区的民训工作。据《常宁党史》记载，李之透经常下基层指导工作，策划有方，训练有素，训练科目设有术科、音乐科、图画科等，学员学唱抗日救亡歌曲，演短剧，做宣传，以唤醒民众，团结一心共

① 李之透（1907—1986），原名李宝南，又作宝兰，湖南常宁县人.1927年10月加入中国共产党，从事工人运动和学生运动.1933年于广益中学高1班毕业后考入湖南大学中国文学系.1938年秋，受聘到广益中学任教，年底回到家乡，协助学校迁至常宁大坪.1940年先后在岳云、楚南、雪峰等中学任教.1944年，重返广益中学任代理校长兼教务主任.5月，衡阳告急，学校迁往庄泉继续办学，他以家产作抵押，向当地借贷稻谷以维持学生生活.8月衡阳失守，他带领学生赴蓝山县所城坚持办学.1945年春，再迁高阳里.当年冬，返长沙协助曹孟其校长筹募资金，克服重重困难，在废墟上重建校舍，1946年3月复校长沙.解放前夕，他和一些知名人士，发表了《长沙各界拥护当局主张避免战祸呼吁和平宣言》.1950—1956年，任学校校长.担任湖南省、长沙市第一届人大代表，长沙市政协一、二、三届常务委员.从1944—1956年主持学校工作十二年，为学校作出了重要贡献.

同抗日。1938年2月，李之透又任民训总队的副总队长，负责全县民训工作的计划、编制、督导等具体事宜。他工作务实，不骑马、不乘轿，全凭两条腿走遍全县民训点。6月，民训奉令改组，并入县政府征训科，后又改为国民兵团。李之透才回到广益中学继续从事教育工作。此次民训工作，常宁县有八万人受训，对振奋民族精神，唤醒救亡激情，起到了积极的作用。

1938年11月广益中学在望城沱市提前放假。学校今后还要不要办，又办在哪里，各自回家的学生还能不能上学，学生要是没学上该干什么，李之透一边走一边想，转过几条街，来到曹孟其的住所。曹孟其住在湖南省孤儿院，因战争爆发，大量孤儿无家可归，孤儿院收留战时孤儿、救济流浪儿童的任务比以前更加艰巨。曹孟其不仅担任了广益中学的校长，还担任了省孤儿院院长，千万斤重担，压在他的肩上。

"曹校长，给您拜年了。"李之透看见曹孟其从里屋出来连忙拱手。"李老师为学校奔波，辛苦辛苦。"曹孟其示意李之透到里间说话，"稍等一下，黄士衡、禹宣三、朱谷贻他们几个马上就到。"李之透抬眼一看，屋子里满是书籍。

学校董事会的几个人陆续到齐后，大家围着一个小火炉就座，时不时伸出手烤一烤，搓一下。"各位，今日召集大家来曹校长家中小坐，是有事与各位相商。"黄士衡董事长开门见山，大家也猜出了大概，他接着说"新年一过，开学在即。现如今兵荒马乱，广益中学何去何从，须当机立断，敬请各位直言不讳。"

片刻静默后，一个声音突然响起，"想我堂堂华夏，遭如此之劫难，莫若奇耻。"大家把头纷纷转向李之透，炉火映照在他的脸上，热血沸腾。"我惟一学堂，禹公稽亭教育救国，不惜杀身唤醒国人。英算之艰难，广益中学之困顿，执中之窘迫，前辈忍常人之难忍，共度时艰，延至今日。"李之透挺了挺身子，右手不由自主地抬了起来，有力地比画了几下，"今外敌入侵，国难当头，政府焦土抗战，军队拼死抵抗，我辈读书人，手无寸铁，不能上马杀敌，空有满腔热血，实在惭愧。惟望教书育人，期冀后继有人啊。"

"说得好！"曹孟其接过话头，"李老师年轻有为，刚才一番话，令人振奋。我中华民族，自晚清以来，列强环伺，屈辱不断，然国人从未放弃抗争，民国既立，人心振奋。现今日寇亡我之心不死，只要国人各尽其力，民族断不会覆灭。民族之未来，在青年，青年之未来，在教育，教育之未来，在我辈同仁。我主张坚持下去，继续办学。"曹孟其慷慨激昂，炉火越来越旺，照红了他饱经风霜的脸庞。

到会董事纷纷发言，一致形成"为图学校之生存，并负战时教育之责任，不能不竭力以赴"的决议。但是继续在望城沱市办，还是另找地址呢？众人又陷入了沉思。"我提一个建议，供各位董事参考。"李之透想了想，开口说道。"李老师有什么好建议，说来听听。"众人都抬起头望着李之透。"长沙沦陷，局势动荡，沱市离长太近，继续办学难以安稳，我建议迁到我家乡常宁，常宁地僻衡阳，山高路远，敌寇难以到达。我家乡柏坊镇靠近湘江，又便于学校搬迁。年前黄董事长也客居常宁，他也比较赞同我的想法。"大家把目光投向黄士衡，见他微微点点头。

"你有把握？你家乡有地方能接纳几百学生？"董事左海说道。"我家不行，但我姐夫家乡可以，他在柏坊镇大坪乡当保长，他家尹氏祠堂可以办学。"众人一听，立刻兴奋，阴霾一扫而光，"好，好，广益中学有救了。"

"搬迁的资金怎么办？"曹孟其把目光投向时任学校的总务主任禹宣三。"学校搬迁，事关重大，沱市的教学设备简陋至极，就留给当地的小学。文夕一把大火，熙宁街的教学用具也烧毁不少。把现有的设备盘点一下，再买一些到常宁的必需品，估算一下船家的费用，至少需要几千元。目前学校所剩无几，还得想办法筹措。"禹宣三办事老成，道出了自己的想法与忧虑。

"感谢各位董事共渡难关。时局艰难，筹款固非易事，费用之事，还须各位鼎力相助，待学校步入正轨，逐步归还，本人将无偿捐出部分家产资助学校。"董事长黄士衡语调平缓地说，"若能赢得桃李满门，为我华夏争光，虽死亦无憾矣。"

"来来来，今天还是过年，尝尝我做的盐菜包子。"曹孟其的夫人将一笼热气腾腾的包子放在大家面前。曹孟其用火钩松了松炉子，啪啪啪，一串串火星升腾而起，火苗蹿了出来，满屋子顿时亮堂了许多。

二

风光秀丽的常宁市

2014 年 9 月 19 日，天空飘着小雨。司机周松蕾启动商务车，我和黄月初副校长，摄像赵锦云，摄影刘军林、谢武龙，驶向常宁。常宁地处衡阳市西南，南岳是它天然的屏障。史书记载，三国时吴主孙亮设新宁、新平两县，东晋太元年间将新平并入新宁，唐玄宗天宝年间改新宁为常宁，隶属衡州府。境内山高林密，道路崎岖，交通不便。

今日情形则大不一样。高速遍布的湖南，上长（长沙）潭（湘潭）西高速，转潭邵（邵阳）高速，再转岳（岳阳）临（临武）高速，只需三小时，便可到达常宁。常宁是一个县级市，人口一百多万，但由于长期交通闭塞，经济发展滞后。现在国道、省道已经贯穿全境，市委、市政府正在加速建设新常宁。

常宁市柏坊镇街景

中午稍作休息，我们一行在当地同志的带领下前往柏坊镇。县城离柏坊镇大约三十公里，小雨让乡村公路泥泞不堪，左摇右晃一个小时后终于到了柏坊。柏坊镇和中国南方所有小镇一样，狭窄的街道，两旁的房子一般是两层高，下面做店铺，上面做住房。店铺临街，给人昏暗的感觉。商家习惯把铺面前台阶一两米的地方放满物品，人在街上走，抬头就能看到琳琅满目的商品，谁家卖蓑衣竹

常宁市柏坊镇水岸码头

席，谁家卖纸钱香烛，一目了然。店主们常常拿把矮脚靠背椅，要么斜着腰跷起二郎腿，要么伸直仰躺着，在店铺门口，一边张罗，一边闲聊。面对人多拥挤不堪的街道，大有看云卷云舒，我自岿然不动的感觉。小商贩们虽说不上特别富裕，但相对于村野乡民，小

重走广益中学流浪办学之旅

日子过得倒还是蛮舒坦的。

我们一行朝着码头走去。雨下了起来，街道立刻显得古朴起来，麻石路面光滑但已昏暗，两旁长满青苔，砖木混合的两排小楼，大多年久失修，但还顽强地支撑着；有几家仍在开门经营，但生意寥寥。我想，这真是三十年河东，四十年河西。想当年，这条街的街头应在靠近码头这边，那时水运发达，船夫贩卒，都要到岸上茶楼酒肆停留歇脚，顺带给媳妇儿女捎带点物品，生意自是十分不错。可如今，水运衰落，公路发达，人们在街尾建起了钢筋水泥的三层铺面，车来车往，倒成为了风水宝地，当年的街尾一晃变成了现在的街头了。这一晃，代表的却是一个时代的变迁。老街老了，白墙青砖早已斑驳，张张木门都有缝隙，风吹过来，竟像喘着粗气似的。乡公所屋檐上还残留着一块印有"福"字的瓦当，可以想象当年的繁华。雨大了起来，屋檐水断断续续地掉到青苔上，没有了往日的滴答声，也没有水珠溅起的欢快声，只是随着黝黑泥坯流入历史的地沟。广益中学也是这样的吗？我心头掠过一丝历史无情的阴影。

码头其实不大，一条三十级台阶的石梯直达江边，上面陡急狭窄，下面平缓开阔。江边有两艘机动船，大约十几米长，一米多宽，覆盖着半圆形发黑的竹棚，应该有些年月了。在船家的一声吆喝下，船家婆娘麻利地解开岸边的缆绳，柴油机轰响起来，铁壳船划开一道水波，载着我们驶向上游的大坪。

湘江，湖南的母亲河，从永州蓝山深处的高山峡谷出发，由南往北贯穿湖湘大地，汇入洞庭，再汇入滚滚长江，哺育了几千万湖湘儿女。望着清澈平静缓缓流动的江水，怎能想象她浊浪滔天的咆哮，怎能想象她泪眼蒙眬的无助。湘江，广益中学的救命河，从常宁大坪到长沙熙宁街码头，怎能想象搬迁之路的艰辛，怎能想象广益中学师生的血泪。抬眼看远处的天空，没有翅膀的痕迹，但岁月已经悄然飞走；低头看缓缓流动的江水，没有船桨的划痕，但历史早已无声流过。

三

　　1939 年正月初十，李之透与事务主任朱谷贻坐车到衡阳，又步行百多里来到常宁柏坊大坪，找到李之透的姐夫尹有为。"姐夫，国难当头，政府号召做好长久抗战之准备。我在省城工作的广益中学避乱南迁，希望租借姐夫家尹氏祠堂继续办学，万望成全。"李之透特意当着姐姐的面向尹保长说明来意。"都说三十而立，我们家要出干大事的人啦。"尹有为说道，"办学兴教，后继有人，大坪方圆百里还没有中学，广益中学到此办学，保种存国，更可育我常宁子弟，是好事善事。我来出面，延请本地教育界贤达尹镇湘、本地李氏族长来共商广益中学安顿之事。"

　　李之透非常高兴，终于找到落脚点了。"保长，那租约如何签订？"朱谷贻还是放心不下。"租约当然要签，尹氏祠堂新建于民国十七年，四个天井，五个大厅，上下两层二十四个房间，宽敞明亮，本意是要做纱厂车间的呀。"保长不无遗憾，"今租予广益中学，期限不定，年租金嘛——"他像是没有想好，拖长了语音。

　　"姐夫，现在是战时，学校资金异常困难。"李之透一下子着急了，急忙恳求。"借条要写，租金要出。这样好不好，租金每年一元。"尹保长端起茶杯喝了口水，瞧了一眼李之透的姐姐。"尹保长深明大义，朱某佩服，您是广益中学的大恩人。"朱谷贻含泪说道。只有李之透的姐姐知道，祠堂的租金将由她们家自己来出。1946年，广益中学重迁长沙，重建校舍，当时捐款最多的也是尹有为，一人捐了五十万。在广益中学办学路上，我们理应记住这个无私帮助广益中学的人。

常宁这边一切妥当，长沙的禹宣三也想尽办法筹措资金。省政府各部门都已陆续内迁，拨款已不可能，一些商户银行没有财产担保不敢借款，禹宣三焦头烂额，一时竟发起烧来。

广益中学的前身惟一学堂是禹宣三的父亲禹之谟一手创办的，禹之谟一生坚韧不拔，年少熟读经书，勤练书法，一心报国，遂投笔从戎。随湘军参加甲午战争，在军中往来辽东一带，智勇双全，被保荐为知县主簿。但他不恋功名，战后游历长江中下游各省，研习矿学。见国事日非，遂投身自立军，希望推翻清廷统治。兵败后游学日本，学得纺织技术，在湖南湘潭创办了第一家现代纺织企业，不久迁长沙。禹之谟日夜操劳，奔走各地，席不暇暖，难以顾及家中。他常与黄克强一起宣扬革命，丙午年组织公葬陈天华、姚宏业烈士，唤醒了民众，引起了清政府的极大恐慌，毛泽东后来评价此事是"直可惊天地可记之事"。1906年被捕后受到靖州牧金蓉镜的严刑拷打，但他毫不动摇自己革命的决心，临终前大呼"禹之谟为救中国而死，为救四万万同胞而死"，从容就义。当年禹宣三还不到七岁。

作为私立学校，广益中学的经费一直是自筹解决的。惟一学堂建校之初，办学经费从禹之谟创办的湘利黔织布厂支用。1912年民国建立后，谭延闿以学校为革命机关，湖南反正出力颇多，拨给湘水校经堂作为学校的永久校址[①]，罗介夫时任校长，扩大规模。1913年"二次革命"失败后，汤芗铭督湘通缉罗介夫，收回湘水校经堂校址，停发学校津贴。在此困难局面下，继任者王心涤不安于位，幸奈教职员黎浦堂、任邦柱、喻子贤、黎赞堂、

长沙熙宁街湘水校经堂牌匾

张熙秋、汪淡华、张恕凡等不忍先烈业绩毁于一旦，出面维持，推举曹孟其为校长，相约不计薪酬，维持局面。1929—1935年六年间政府没有按实核发津贴，竟克扣学校两万一千元。此间，湖南省政府主席何键愿意出十万元改善学校校舍，条件是由他出任广益中学董事长，其目的是想控制学校，推行尊孔读经，维护封建伦理道德，培植党羽。时任董事长罗介夫和时任校长任邦柱断然予以拒绝，表示宁愿接受社会少量捐赠，向私人举债，也不拿学校原则做交换，以维护学校革命之初衷。

当时长沙的民办学校有多所，大多得到政府的有力支持。《湖南文史资料》记载："汤芗铭督湘期间，对革命党人肆意屠杀，唯对胡元倓优予照顾，并捐几万元补助明德。"长沙《大公报》记载："明德、周南、楚怡、修业等四校在汤芗铭督湘期间随机应变，津贴获特别办理。"

广益中学的办学条件与其他学校相比，确实悬殊，但办学成绩卓著，培养的学生"皆有自强独立之风"。办学十年后的1916年，

---

① 湘水校经堂于清道光十一年（1831）由湖南巡抚吴荣光创建，初设在岳麓书院．咸丰二年（1852）校经堂毁于太平军兵火．咸丰末年恢复，到光绪重建，湖南学政朱卤然将校经堂从岳麓书院分离出来，改设在天心阁一侧的原城南书院旧址．光绪十六年（1890）湖南学政张文嘉与巡抚张煦商议，于湘春门外另建新舍，改名为校经书院．

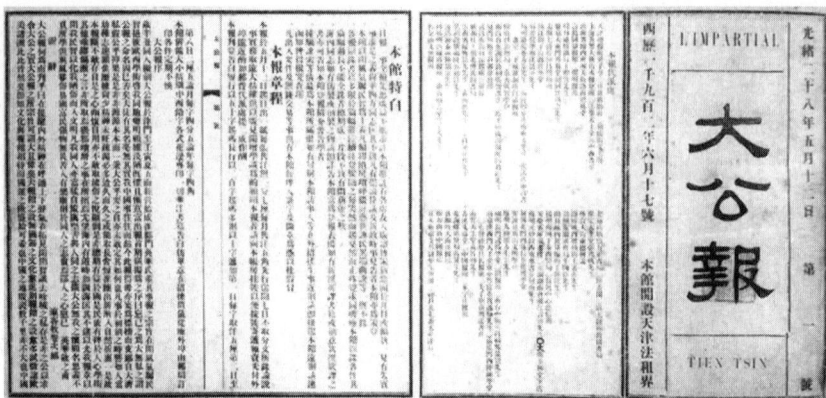

长沙《大公报》

长沙《大公报》记载，"广益中学是湖南私立学校开办最早成绩较优的八所学校之一。"1928年任邦柱任校长后，励精图治，数年时光，"要读书、进广益"流传社会，由此广益中学跻身于湖南名学校的前列。抗战时期，学校办学经费异常拮据，常常是每学期中需要上海商业银行提供短期贷款，待到下期开学收取学费后才能归还。在任邦柱担任校长期间，学校建设力度较大，负债八万一千一百六十元。抗战爆发后，形势紧张，大陆银行、乾享泰钱庄等大户催促学校还款。学校筹措无门，只能变卖学校外操场，但却无人愿买。最后只得商请校董伍蔚湘接受，卖了两万零伍佰多元。学校将两万元偿还债务，将伍佰元为租金继续租用外操场。

搬迁在即，费用还没有下落。想到这里，禹宣三爬起来，决定拜访自己的一些好友、同事，东挪西借看能不能筹到搬迁资费，否则无法动身。当看到昔日好友家徒四壁时，禹宣三不敢开口提借钱之事，只能相互安慰匆匆告别。正月的长沙，因潮湿而感觉特别寒冷，天总是灰蒙蒙的，难得有几个好太阳天。禹宣三低头走在街上，打了一个寒战，便把双手相互抄进袖口，紧了紧棉衣，防止寒风灌进衣服里来。

"金伟啊，我知道你会来的，快进来，快进来。"广益中学校董伍蔚湘听到敲门声，打开门招呼着禹宣三，金伟是禹宣三的大名。"伍董事，情况比我预料的还糟糕，现在东拼西凑，还只有几百块。"禹宣三接过一碗热气腾腾的芝麻豆子茶，吹里吹，先啜了一口，恳切地说，"只能向老兄求援了。"

广益中学最初办学地——长沙熙宁街

"求援不敢，这是老朽应尽义务。上次董事会我也参加了，时局如此，这时候向人借钱比登天还难啊。"伍蔚湘在街上从事米铺生意。去年大火，他家损失较小，算是逃过了劫难。"你也不要跑了，我把手头上的现金都借给你，商铺进货资金，我自己再想办法，儿子娶亲的礼金，我推迟一点。这里有两千元，你先拿去吧。"

"蔚湘兄真是解了学校燃眉之急啊，大恩大德，禹某定当铭记在心。"禹宣三一听，几天的郁闷一扫而光，喜上眉梢，"常宁那边租借祠堂之事，也已定妥，学校可以搬迁了。"

思绪从久远的年代里回返，我从船舱走上船头，细雨轻轻地飘着，模糊了镜片。两岸青山连绵起伏，千百年来，它们就这样静静守候着奔腾不息的江流，注视着这里来来往往的匆匆过客，记忆着这里发生的沧桑往事。我从船顶竹棚上拿起撑船的竹篙，尝试着插向江底，当我提起竹篙，一串串水珠便顺着竹篙迅速地滑向江中，我仿佛听见"想当年，绿鬓婆娑，看如今青少黄多，莫提起，莫提起，提起清泪满江河"的浅吟低唱。

民国时期广益中学教师办公照（图片来源：湖南师大附中校史馆）

　　1939年农历正月十六日，熙宁街广益中学的食堂，校长曹孟其为大家饯行，他端起酒杯，深情说道："诸位董事、诸位教员、诸位工友、诸位船老大，国难当头，山河破碎，今广益中学蒙难，承各位鼎力相助，得以外迁常宁，继续办学，为国育才，亦是吾辈为国尽力，其中坎坷，老朽不忍回首。此番逆水撑篙，山高水远，滩多水急，万望各位齐心协力，克服困难，将学校物资安全运达，曹某拜托了。"众人肃然起立，各自端起水酒一饮而尽。

　　就在前一天，工友何镇秋将禹宣三购买的八千斤稻谷、九百斤煤油，连同学校剩余的全部设备，雇人装上了长沙利民水运公司的民船。整整十一船，每船安排三名船工，一人掌舵，两人撑篙，组成一支长长的船队。

在何镇秋点燃的鞭炮声中，船老大率领众位船工，在河堤上，摆下三牲，举香叩拜，齐声朗诵"出征常宁，一路放行；河神有灵，佑我安心"的祭词。焚香三拜后，船老大跃上头船，众人纷纷跳上各自的木船，手握撑篙，随着船老大一声粗犷的吆喝，"起——船——啰"，众位船工立即和着"走——啰"，十一艘船满载着广益中学的未来与希望缓缓离开了熙宁街码头，消失在橘子洲的尽头。

船到昭山，山势陡峭，河道变窄，水势较猛。船工们将竹篙插入河底，双手紧握着竹篙，沉下身子用力顶着，舵手不断调整船舵的角度，避开水流最湍急的地方。虽是枯水季节，但河道狭窄，加之落差大，水势依然很急，要将载重的船撑上去，还得费一番工夫。"下水，拉纤！"船老大一看水流太急，撑杆力气不够，一声令下。船工们卷起裤管，脱下鞋袜，打着赤脚，换上草鞋，跳到岸边，接过舵手抛来的纤绳，套在肩上，弓着身子，拉了起来。嗨呦，嗨呦，嗨呦，嗨呦，船老大号子一响，大家一起用力，嗨呦，嗨呦，嗨呦，嗨呦，船慢慢地向上游爬去。

每到傍晚时分，碧绿的河水就变得黝黑起来，哗哗的流水声让人无法判断河水的深浅和河面的宽窄，无法选择行船的路线，很不安全。船老大就招呼大家把船靠岸聚拢在一块，填填肚子好好休息。晚上也是何镇秋最担心的时候，兵荒马乱，散兵游勇常常出没，难免不见财起心、杀人越货。何镇秋在每艘船船头都挂上了一盏马灯，表明灯在船在，自己则蹲在头船上不敢脱衣安睡。瞌睡来了，他就烧上一袋烟丝，一明一灭的烟火在漆黑的夜空中格外显眼，像晴朗夜空中闪烁的星星，给他以希望与安慰。

何镇秋二十七岁就在学校做校工，买菜做饭，劈柴烧水，修理桌椅，安线装灯，大大小小的事情随喊随到，得到了大家的肯定。他出生于湖南湘潭县郭家桥的一个贫苦农民家庭，爹娘去得早，八岁起就当放牛娃、打零工，生活艰苦，有上餐没下餐，经广益中学教师何谷芳介绍，学校收留了他，让他有个落脚的地方。曹校长将如此重要的押运任务交给他，就看中他办事牢靠。

船行了十多天，过了湘潭，江面开阔起来，水一下子变浅了。几条装有重物的船吃水较深，船老大担心在江中搁浅，不敢前行。何镇秋急了，要等到水涨起来，还需要个把月，这样下去会耽误开学。"船老大，拜托想想办法吧。"他只得和船老大商量。

望着这宽宽的河面，最深处都可以看见河底，船老大站在船头，也皱起了眉头，"只有卸船了。"何镇秋将船上的封条小心地揭去，对折好放在衣服内口袋里。船工们将部分物品卸到岸上，等船上浮了一些，再慢慢撑过浅滩，然后将卸下的物品肩扛人抬地搬到船上，贴上封条，重新起航。这样一来，船队间渐渐拉开了距离。

何镇秋记不得这样来来回回折腾了多少次，在路上多待一天，就多一分危险。他只能带着前面的八艘船不停赶路，嘱托落后的三艘船注意安全，加快赶上，内心焦急却毫无办法，只能抽闷烟。

1939年农历二月十八日，何镇秋带着八艘船到达常宁柏坊，转入狭窄的宜水河道，抵达大坪。朱谷贻看着何镇秋灰黑的脸庞，满腮的胡子，破烂的棉袄，满是老茧的双手，无语泪先流。从长沙到大坪，三百七十多公里水路，广益中学南迁水运主体跨险滩、搏激流、逆水撑篙整整历时三十四天，安全抵达。落后的三艘船没有走在一起，形单影只，遇有险滩激流，又没有帮手，行进速度异常缓慢，有时遭遇兵匪的打家劫舍，无赖之徒的威胁恐吓，船工更是如履薄冰、战战兢兢，甚至离船躲避。学校一方面派人沿河寻找，一方面报请常宁县政府，请求支援查找，直到九月初，才将三艘船带到大坪。至此，广益中学外迁搬运工程终于画上了圆满的句号，开始了极为艰难的常宁办学历程。

随着船家将柴油机油门减小，慢慢向岸边靠拢，我知道，大坪快到了。这里没有码头，大家跳下船，爬上陡坡，来到江岸上，随后乘车来到大坪广益中学旧址。听说我们来到常宁大坪重走办学路，尹氏家族近百人都围了过来，大家热情地当起了我们的解说员。

我避开热情介绍的村民，拉着村支书尹诗平离开了人群。映入我眼帘的一栋坐北朝南的保存完好的建筑，上下两层，青砖垒的墙基一米多高，白墙上是十扇朱红色的四叶对开窗户，黑瓦下是整齐的灰色瓦当，正中间是高大的校门，所有门窗都是拱形设计，正门两旁各有一个圆月石拱门。我非常惊讶，在20世纪20年代，这样一个穷困偏僻的山村，居然有如此漂亮的建筑，而如此漂亮的建筑居然给了广益中学，想来这一定是那个年代最好的中学校舍。

广益中学办学旧址——常宁柏坊镇尹氏祠堂

当年尹氏祠堂的二十四个房间租借给广益中学后，被改成了八间教室，其他作为学生宿舍、教师办公室、家属宿舍和储物室，另外五个厅改作食堂。1944年广益中学迁离后，这里一直作为村办学校延续了下来，新中国成立后收归公有继续办学，20世纪90年代初期另寻地址新建了学校。祠堂里的厅堂都已拆除，除了南面正门的教学楼一直保留外，东西两面的教学楼大约在 20 世纪 70 年代已经拆了重砌，北面的建筑已经拆除，只有一堵红砖砌的围墙，不过整个祠堂的格局还在。

院子里一棵南方常见的泡桐树，此时正枝繁叶茂，给这个祠堂带来了一片生机。祠堂前是一个一亩见方的池塘。我往水中扔下一粒石子，阵阵涟漪从中心向四周荡开去，水中倒映着的苍老祠堂瞬间斑斑陆离，似乎当年的艰难与拼搏、欢笑与泪水都要从涟漪中一一荡出。

1939 年 2 月，学校着手准备开学工作。首先是通知复校，号召在望城沱市提前放假，没有毕业的学生尽快到常宁集合。很多学生得到消息后，从长沙乘火车到衡阳，然后从衡阳坐小船到常宁柏坊镇，大约一百里的水路，再从柏坊镇走十多里山路到达大坪。初 34 班王业恢回忆说：他是长沙市北乡下坝石人，他与周清华两人结伴从长沙出发，整整走了三天才赶到大坪。高 17 班浏阳籍屈凝禧回忆，他由亲戚带着参加了广益中学当年最后一场初中入学考试，缴了半元报名费，按照校门口张贴的考场座次表进行考试。他那场有五十多人参考，上下午都有考试，午饭时学校给每人发了两个发饼充饥。他那时家里困难，自己吃了一个，还留了一个给他外公。公布结果学校正取六人，备取六人，他是备取第一。1938 年初中毕业后他继续在广益中学读高中，读了半年，就前往南岳参加军事集训，这时学校已经迁往望城沱市，他集训完后，回到浏阳乡下。1939 年春接到消息与同学赶到常宁柏坊大坪，这才继续高中学业。

与此同时，学校大力宣传，开展招生活动。学校在湘潭进行了一次招生，因时局紧张，报名和录取的人数不多，后又借省立二中的名义进行了一次招生。春季开学时，全校共有高中 11、12、13、14、15、16、17 共 7 个班，初中 30、31、32、33、34、35 共 6 个班，共 476 名学生，教职工有 37 人。下半年秋季开学时，学校有高中生 322 人，初中生 280 人，教职工 36 人（全部是男老师），专职教师 17 人。周课时最多的 30 节，最少的 12 节，人均 21.6 节。初一两个班

广益中学办学旧址——常宁柏坊镇义塾旧址

和高三的学生上课与住宿均在距尹氏祠堂约一里地的李氏祠堂，一日三餐由尹氏祠堂这边送过去，其他班级则安排在尹氏祠堂和祠堂右侧的义塾。义塾又称义学，"义学者，即以补官学之所不及。"是地方私人集资或用地方公益金创办的免收学费的学校，当时大坪一带的儿童都在此启蒙，主要是初小，学生多为贫寒子弟。学生的住宿大多在培荫园，位于尹祠的右前方，地方较为开阔，并租用了几间民房作为学生的宿舍。同时在培荫园的边上租了一块地建起操坪，筑好跑道，搭建木篮球架，画出排球场，挖出跳远沙

广益办学旧址——常宁柏坊镇操场

（图片来源：湖南师大附中校史馆）

坑，架起单双杠。这样，以尹氏祠堂、李氏祠堂、义塾为主教学楼，培荫园为主宿舍区的战时广益中学在常宁大坪巍然建立起来。校园中央的大樟树上挂着一个大铜钟，校工何镇秋按时敲钟，这个宁静的山村响起了悠扬的钟声和琅琅的书声，风雨中的中华大地生长着希望与力量。

"在我们的校史上，记载的办学地点是太坪，是不是就是大坪?"我告诉村支书我的疑惑。

"是，是。"支书笑着说，"我们这个地方，都把'大'字读成'太'，比如'读大学'，我们念成'读太学'，所以你们校史上记录的太坪就是大坪。"

开学后，学校立即着手加强管理队伍的建设。曹孟其校长当时还是湖南孤儿院院长，为战时孤儿的事操心，积劳成疾，没有随学校迁到大坪。校长秘书唐劼从望城沱市离开后回到零陵老家，没有到常宁就任。于是校董事会决定由英语教师喻子贤出任秘书，代理校长职务，主持学校的日常工作。董事会到常宁就任的有喻子贤、左海、朱谷贻（振邦）、张熙秋、黎赞堂（振黄）。为便于学校决策，1941年秋校长曹孟其决定增补任自立、禹宣三、彭应梅、杨炎和为学校董事会成员，次年又增补王劲修。其中，任自立是前任校长任邦柱的侄儿，共和国开国元勋任弼时的堂弟，于北大物理系毕业后放弃高薪，来到广益中学任教；彭应梅是前校长罗介夫的内侄；杨炎和是北大高材生，时任数学教师。这样，学校董事会总共二十一人（黄士衡、曹孟其、黎赞堂、皮宗石、张承华、汪恩湛、喻子贤、许君飏、苏绳祖、伍蔚湘、左海、陈国钧、朱玖莹、王季范、唐劼、朱振邦、罗亚夫、杨炎和、任自立、禹宣三、彭应梅），在校董事会的领导下，组成了由喻子贤代理校长、彭应梅担任教务主任、禹宣三担任财务主任、朱谷贻担任总务主任的行政团队，实行校务、财务双公开，在艰难中努力办学。

在加强管理团队建设的同时，学校不断充实教师队伍。在原来随校南迁大坪的教师队伍基础上，学校又在当地聘请了几位知名人士当老师，如语文教师尹镇湘、殷太白，地理教师廖世安，生物教师刘伯勋，历史教师方希耕等。他们的到来，不仅增强了师资力量，还顺畅了学校与地方的关系，有利于学校在当地安定下来。1942年学校又办起了民众夜校，吸收当地少年文盲，免费发给书籍文具，帮助他们识字。

随着学生人数的增加，学校也在不断改善学生的学习环境。1942 年，学校购买了一些木料、砖石，组织学生从三十里外的柏坊镇肩挑手扛搬运回来，搭建起两间临时教室。当年年底学校结算时，应退几斗大米给每个学生。这

广益中学办学旧址——柏坊镇李氏祠堂旧址

时总务主任朱谷贻建议学生捐献部分退米兴建一座学校礼堂，一部分冲抵下学期的费用，此举得到学生们的积极响应。当时校学生会主席、高 23 班的刘景祥组织部分同学成立了礼堂筹建小组。1943年，一座容纳八百人的礼堂拔地而起，礼堂正中央是舞台，下面是简易的坐凳。落成那天，学校举行了"庆祝礼堂落成暨抗敌宣传"游艺大会，喻子贤代表学校对学生深表感谢，历史老师彭泠伯导演大型话剧《绯色网》在礼堂上演。暑假期间，学校又组织人员将尹氏祠堂、义塾、培荫园用竹篱围起来。这样，一所粗具规模的战时中学屹立在湘南大地，担负起为民族自强培养人才的重任。

学校在管理上继续秉承熙宁街时期的风格。学校实行门禁，早饭后、晚餐前校门紧闭，学生不准出校门。坚持早读、晚自修，且早读、上课、晚自修都需敲钟点名，大铜钟就挂在尹氏祠堂与培荫园之间的大樟树上。夜晚打铃熄灯就寝，每晚均有军事教官或者训导老师查夜，为的是防止学生吸烟或是睡前说笑打闹影响次日上课，同时也给同学们盖好被子，免得着凉。尽管条件简陋，但学校配备了医药室，有校医，熬中药用的煤灶和陶制药罐一应俱全。学校还

广益中学办学旧址——常宁柏坊镇培荫园

成立由学生组成的伙食委员会，每班四人，但初一与高三学生不参加。每到圩日①分班级轮派同学采购粮米、蔬菜。高18班学生邱定贵在回忆中写到：学校问寒问暖，治病求医，热爱学生，视为子侄。

当时师生们时刻关心战局，经常开展爱国主义教育。学校的报刊橱窗栏设在培荫园前厅两旁，张贴时事报纸、科教信息，告知毕业应考教学动态，公布奖学金获得者名单等。（当时班级期考的前三名，且数学、英语、国文三科都在八十分以上者，可以免交下学期学费）。学校建有一个很小的图书室，订购了重庆、桂林等地出版的报刊、杂志供学生阅读，以增长学生见识，了解抗战形势；还有一些参考书籍供师生借阅。学校经常组织学生演唱抗战歌曲、表演抗战话剧，培养学生爱国情感。老师在课堂授课时慷慨激昂，高19班国文教员田老师上课时讲到抵制日货时，义愤填膺，号召学生们做硬骨头的汉子，不做软骨头的奴才。学生们放学后经常

广益中学的学生报考军校保家卫国
（图片来源：湖南师大附中校史馆）

---

① 圩日是指南方乡村固定的赶集的日子，有的地方是逢五，有的地方是逢三，也有地方是隔几天一次。

互诉心声，痛感国难当头，期望学好本领投笔从戎，挽救国家危亡。后来，很多学生毕业后报名参军，报效国家。如1940年高17班的屈凝禧报考了重庆的军事学校；1941年，王盈山、马守谦、王业恢三人报考了陆军军官学校；王业恢还考上了成都空军飞行学校，先后奔赴抗日战场，上阵杀敌。

六

在大坪，我们拜访到了现已九十高龄的广益中学毕业生方华首。他1939年入学，初中在35班，高中在23班，自武汉大学毕业后，在常宁一中长期从事教育工作，直到六十五岁才退休。

方老年岁虽高，但精神矍铄，特别健谈。在大坪小学的会议室里，方老讲述了他的故事："我家里很穷，1939年广益中学搬迁来的时候，我那时十四岁，正在家里放牛。常宁有六所外迁来的中学，广益中学的学费便宜。我家距离广益中学只有十二里路，所以就报考了。当时常宁有一百多人参加广益中学的考试，只考上了三人，我就是其中之一。"方老面露微笑，右手伸出三个指头，用力敲了敲桌子，内心的喜悦溢于言表。"广益中学是省城来的学校，我很幸运，这也说明常宁当时的教育是十分落后的。"

"那时候读书的条件很苦很苦，一日三餐都是小菜，冬天主要是酸菜汤、豆腐渣，有时是辣椒汤，桂阳那边的小辣椒，很过瘾。过节的时候才可以吃点肉，除了自己种一点菜外，大多数都要到几十里外的柏坊镇上去买。"方老向我们描述着那段艰难岁月。

历经外迁沱市、文夕大火，学校的教具损失惨重，长途搬运常宁，又多有损坏，战时资金困难，一些仪器无力购置，所以一切只能因陋就简。上课时，不能保证每个人都有教科书。当时的教科书，

采访广益中学校友——九十岁高龄的方老

纸张都很差，有的学科买不齐，有的甚至还买不到教科书，只能靠老师板书和学生记笔记，有勤奋的学生借得老师的书连夜赶抄。留给学生的作业，则是老师们将作业题抄在黑板，有时还刻一些蜡纸油印题目给学生做，但常常油墨有限。学校老师想出来一个土办法，利用土红调上茶油代替油墨，这样一来，印出来纸张都是红字，老师改作业反而只能用黑笔。由祠堂改成的教室不大，课桌椅也缺少，学生们轮流坐着上课，有的学生干脆坐到地上，把膝盖当桌子记笔记。

晚自习时，每个教室都有一盏煤气灯。头两年还好，但从长沙带来的煤油用完后，只能另想办法。当时农村晚上一般是不点灯的，有时是借助月光做完家务，聊天也是只听声音不见人。但学校需要创造条件让学生学习，朱谷贻想办法购置了一些桐油，做成桐油灯。在豆大的桐油灯下，三四个学生就着一盏灯学习。灯光虽小，但却驱散黑暗，带来光明，给人以希望。

学校寝室不够用，初一的同学有的是两个人睡一张铁床，有的干脆睡地铺。夏天还好，一到冬天，半夜冻醒只能爬到别的同学床上。

"那时候，学生们都是用冷水洗澡，连冬天也是。"方老提高了声音，"我记得，每次洗澡，数学老师黎赞堂带头，把一桶桶的冷水往身上浇。我现在的身体好就得益于那时候洗冷水澡。"方老把拇指高高竖起。

然而就在这样的困难环境中，学校的管理却是非常严格，师生们的精神却是异常坚定。学校成立由军训主任、童军团长与教导主任组成的训育委员会，负责全校的日常管理。高中生实行军事化管理，由军训主任负责；初中生实行童子军管理，由童军团长负责。

民国时期广益中学篮球队员比赛留影

（图片来源：湖南师大附中校史馆）

"学校非常重视体育，尤其是游泳、篮球和排球。我们游泳的地方就在河里，毕业时要能游五百米才能毕业。"方老用双手比画着游泳的姿势，继续向我们讲述当年的中学生活，"晚上拉练露营，经常开展夺旗活动。为了丰富同学的生活，学校当年还成立了篮球队、排球队，与迁到常宁的省立二师进行比赛，田径队曾参加在衡山举办的省运动会，都取得很好的成绩。"

为了宣传抗日，学校成立了文艺宣传队。排练话剧教育民众抵制日货，动员民众参军抗日，走入农村宣扬《兵役法》，劝募寒衣支援抗战前线。师生人人会唱《长城谣》《八百壮士》《大刀进行曲》《游击队之歌》等歌曲。1940年在"庆祝建校三十五周年暨抗敌宣传"大会上，第一个节目就是《大刀进行曲》《打回老家

抗战期间广益中学文艺宣传队抗日宣传合影

（图片来源：湖南师大附中校史馆）

去》等嘹亮雄壮的歌曲；有学生朗诵《满江红》：怒发冲冠，凭栏处，潇潇雨歇……慷慨激昂、振奋人心，大家深受感染；有学生自编自演的话剧《大义灭亲》，宣扬维护正义，得到了师生们的热烈掌声。学校还邀请了驻扎在常宁的军政部第四补充兵员训练处的"前锋剧团"来校一同演出。同年暑假，学校组织义务宣传队，廖六如老师带着部分高中学生，肩扛行李，手拿传单，行走几百公里到郴州桂阳县宣传抗日，同学们刷标语、发传单、搞演讲、演话剧，在偏僻的山城掀起一股抗日救亡的热潮。高19班学生郑伯魁回忆说，师生们有一种强烈的爱国热情，尽管生活困难，但个个精神抖擞，斗志昂扬，老师们和学生打成一片，没有一点架子。由于当时的医疗条件太差，耒阳学生谢高春、湘潭学生黄其义不幸染上疟疾身亡，为抗日宣传献出了年轻的生命。

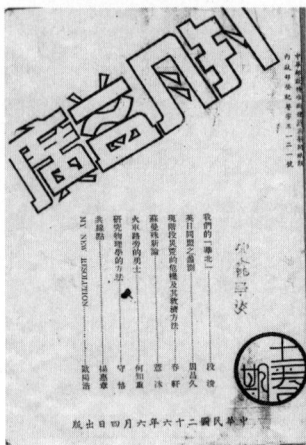

广益抗日宣传月刊（图片来源：湖南师大附中校史馆）

为了让学生们及时了解时事新闻，学校办了《广益月刊》大型黑板报。板报共分八块，其中两块是时事新闻，经常更换。在当时抗战紧张、消息闭塞的情况下，黑板报成了师生们的精神食粮；其他六块分别为文史、科技、常识、数理化难题解答、优秀作文和英汉翻译，还有一些学校动态的新闻。各个班上也办手抄报，张贴在校园的走道上。黑板报标题醒目，文字简练，知识性、科学性、趣味性强，深受师生们的欢迎。学校还举办过国语、英语演讲比赛，还经常组织同学们帮助当地百姓搞春耕秋收，既融洽了与当地百姓的关系，又培养了学生们热爱劳动的好习惯。

当时老师们的教学水平都很高，担任公民课的彭应梅老师博学多才，每次上课口若悬河、旁征博引，大家特别喜欢。潘老师除讲授课本之外，经常辅导学生阅读大量的课外读物，如严复的《天演论》、卢梭的《民约论》，孟德斯鸠的《法意》和马尔萨斯的《人口论》，重要段落还要求同学们背诵下来。尽管学习条件艰苦，师生们的关系却十分和睦。学生生病，老师亲自送汤送药，给予安慰；老师生活困难，学生

曹昌嗣老师上数学课

（图片来源：湖南师大附中校史馆）

也关心体贴老师，亲如一家。物理教师马季芳，江苏徐州人，中央大学硕士毕业后，逃难来到衡阳，被聘为广益中学教师。他经济困难，冬天衣单被薄，寒冷难熬，学生们便凑钱给马老师做了一件棉袄，马老师日穿夜盖，甚为感动；历史老师李鸣非，因病垂危，急需输血抢救，同学们纷纷抢着献血；数学老师陈佑云因病去世，同学们用旧式祭礼，以班为单位撰写挽联，追悼陈老师。师生之间情深义厚，可昭日月。

尽管生活困难，老师们视学生为子女，倾心尽力教育学生，加上学生刻苦努力、团结奋发，成绩一直居于全省前列。1940 年上期，湖南省第 12 届高中毕业会考，高 14 班学生张芳获得理化第一名。同年，全国大学统一招生，广益学生录取近百人。此后的 13、14、15 届高中毕业会考，广益中学经教育厅公布进入国立大学的保送生在十人以上，可谓一枝独秀。湘北、湘南的学生闻讯纷纷慕名报考广益中学，学校名声响彻全省。原本学校初高中规模只能是十二个班，但由于报考学生实在太多，学校爱才惜才，到 1940 年秋季，学校招收高 20 班，初 38 班，全校有学生八百三十一人，有的班人数达到八十人。1941

年春招高 21 班、初 39 班，秋季招高 22 班、初 40 班，学生七百二十四人。有教师二十一人，均系大学本科毕业，平均周课时 23 节，专任教师月薪平均 127 元。

七

　　"广益中学当时是男女合校，女生很少，我们班当时几十人，只有九个女生，我还记得我们班的那个副班长，是个女生。"我们与方老交流了一个多小时，他老人家依然谈兴不减，兴致勃勃。

　　"我那时是我们班班长，因为是本地人，全班同学都推举我。副班长是城里的大户人家的千金，字写得非常漂亮，而且一点架子都没有，我们都喜欢她。"方老仿佛回到年轻时候，眼前就是那位美丽的副班长，"当时每天放学后，都要检查黑板、澡堂，尤其是班上的痰盂。我没有住宿，每天要走十几里回家，所以就将检查卫生的任务交给这位女同学，她很不错，都代我检查。"

广益中学师生排球赛

（图片来源：湖南师大附中校史馆）

"我还跟朱镕基见过面，我读初三的时候，朱镕基读初一，他读书很认真，数学、英语好。"我们认真听方老回忆："我记得非常清楚，他那时是初中 39 班的班长，我是我们班的班长，在出黑板报的时候总能见面。"

朱镕基当班长，这倒是我第一次听到。"我们出黑板报的时候，大家时常见面。有一次，我们出完黑板报，有个同学建议到食堂找师傅搞几个松花皮蛋①打打牙祭。当时我们很多人都同意，想庆祝一下，只有朱镕基反对，他说我们不能搞特殊。他后来当了总理，也不搞特殊。"方老感慨地说。

朱镕基是遗腹子，父亲在他出生前便去逝。1928 年 10 月 1 日出生，与母亲张氏相依为命。九岁时，不幸再次降临，母亲也与世长辞，至此朱镕基成了孤儿。母亲的离世，对于一个不满十岁的幼童，无疑是雪上加霜，据后来抚养朱镕基的满伯父朱学

朱镕基就读广益时成绩册
（图片来源：湖南师大附中校史馆）

方回忆，家庭不幸，加上当时兵荒马乱，这一切都使得朱镕基少年早熟、发奋努力，且养成了处世深沉稳重的性格。或许正是由于幼年的苦难经历，加上此后求学的颠沛流离，使得朱镕基同情弱者，耻仗势欺人、为富不仁之辈，更痛恨贪官污吏。

朱镕基小学先就读于时中学校，这是朱氏家族兴办的私立族学，始建于 1854 年，先设在长沙市郊丝茅冲，民国二十七年迁入棠坡朱氏祖屋，其后又移址关山嘴，1990 年定址和平村口 107 国道旁。朱

---

① 皮蛋是湖南的特产，就是用鸭蛋放在草木灰里腌制，很合湖南人的口味.

镕基小时候，喜欢读《水浒传》，能背诵三十六天罡、七十二地煞。在这里就读两年后，朱镕基跟随朱学方迁入长沙郊区，随后就读于崇德小学，学校位于天心区南门口大古道巷。崇德小学创办于1917年，属私立学校，创办人名叫刘伯衡，新中国成立后停办，学校早已湮灭在历史风尘中，只余一块残碑。

1941年2月，朱镕基以崇德小学优秀毕业生的身份，投考广益中学，并以优异成绩被录入初中一年级第39班。十三岁的朱镕基，背上行李和书包，开始了颠沛流离的求学生涯。据朱镕基的同班同学沈谱成回忆，从长沙到学校的路线，一般是先坐汽车或火车抵衡阳，然后乘船溯湘江而上，到达常宁柏坊镇再走路到学校，耗时约一天。因距离远，学生们寒暑假方可回家。朱镕基就读的初39班，教室在李氏祠堂。1941年下学期招收的40班也设在这里。两个班一百多人上课、就寝都在祠堂里，吃饭则从尹氏祠堂送过来。李氏祠堂横厅很小，课桌摆不下，就用木板铺在天井的石阶上，再放上课桌。

初39班老校友任俨回忆到，学生晚自习就在教室，开始还有煤油照明，但后来煤油用完后，只能用桐油灯。在高高的灯台上搁一盏小灯锅，锅中装满桐油，用纱绳做灯芯，五六个学生围着一盏灯看书，光线微弱，尤其是背光一面的同学看书非常吃力，因而大家都遵守每半小时将灯的方向转一次的公平规则，使每个学生都能被照顾到。虽说如此，但大家常常因为对视力损害很大和时间难以掌握而多有怨言。后来朱镕基想了一个办法，一次他们组两个同学为时间问题争吵起来，正在背英语的朱镕基看了他们一眼，拿起一支铅笔，将灯芯的另一端挑起到锅沿点燃，两位同学都不做声了。大家一看纷纷效仿，教室顿时亮堂了许多。

朱镕基的记忆力十分惊人。有一次上汤执盘老师的数学课，汤老师讲到圆周率，他从"周三径一"讲起，讲到祖冲之将圆周率精确到小数点后的六位数，16世纪德国人才计算到小数点后的二十位，19世纪由于现代科学的发展，圆周率被计算到小数点后几百位。同学们非常感兴趣，一次偶然的机会大家找到一本课外读物，上面印有精确到小数点后五百位的圆周率数值，当即有人提议看谁背得多。有个星期天，班上同学在李氏祠堂前的水塘边散步，大家便要任俨和朱镕基比赛，看谁背圆周率位数多，由周继溪担任裁判。结果任俨背了四十多位，而朱镕基背到了近百位，可见其超群的记忆力。学校保存的档案中，详细记载了朱镕基当时的成绩：在前五个学期中，共59科次的期末文化考试，其中100分的十五次，平均93.8分，有三个学期名列第一；最后一个学期，朱镕基十一门功课中有七门获100分，平均96.27分，为全班第一。

老校友们回忆，朱镕基那时给大家的印象是敦厚聪明、温和友善、严谨谦恭、克己助人。当时男生宿舍在楼上，朱镕基分在下铺，见到上铺的周继溪身体瘦弱，就把下铺让给他。1942年春季开学，朱镕基从长沙到大坪上学，在衡阳搭乘轮船到常宁，在下船登岸时，由于人多拥挤，将所带的背包掉入江中，被子全被打湿了。到校后，他只好和同学吕正言搭铺。

朱镕基的课外阅读量非常大，老校友任俨回忆说，很多书朱镕基都读过。初40班的老校友朱畅久回忆，朱镕基喜欢读书看报，平常大家聚在一起闲聊休息，朱镕基也从不说无聊的话题。任俨说，他们的英语老师廖六如课上得好，上课不讲一句中文，全是用英文，朱镕基回答问题时都能对答如流。老校友周继溪说："朱镕基当总理接见外宾，可以不用翻译，看来是初中就打下了良好的基础。"

沈谱成对这个"皮肤白净、气度沉稳"的同学印象深刻，他在回忆录中写道："朱镕基和我在班上学习成绩名列前茅，我们之间相互竞争，常常暗暗较劲。现在想来，似有年幼稚气之感，初中毕业时，朱名列第一，我为第二，这在毕业证编号上尚可见之。"学习名次的竞争，当时还是相当激烈的，每临近考试，同学们复习到深夜，十分普遍。宿舍当时毗邻校外的一家小餐馆，夜深饥饿时，可通过宿舍墙壁上一个孔，直接从餐馆买到宵夜，十分方便。当时的奖学金，只有极少数的优秀学生才能享受，广益中学当时的规定是，如果期末考试成绩列于前三名，则下学期可免交学费。

朱镕基 1943 年初中毕业后，报考了楚怡中学。

祝贺母校百年校庆

朱镕基

二〇〇三年一月

朱镕基为母校百年校庆题词祝贺

在楚怡中学读了半年后，转入了国立八中。1945 年抗战胜利，插班到长沙市一中，半年后考入清华大学。湖南师大附中一百年校庆时，他给母校题词：祝贺母校百年校庆。

八

1944 年，抗战形势已发生极大变化。为了逆转太平洋战场上急遽失利的战况，日本大本营参谋总长杉山元大将上奏日本天皇，提出了"打通大陆作战"的设想，并得到了天皇认可。后来日大本营遂将此作战命名为"一号作

衡阳战役（图片来源：新华军事网）

战"，其重要性可想而知。"一号作战"的主要内容是先攻占平汉铁路之南段，进而打通湘桂及粤汉铁路两线，摧毁中美空军基地，防止中美混合空军对日军中国战线后方与沿海补给线的打击。日军称这次作战"确系太平洋战争爆发后规模最大的一次一连串的大军作战"。衡阳是连接东南和西南的战略要地，包括航空、水运、铁路、公路，战略地位相当重要。

6月22日，衡阳战役打响，这场被称为"东方莫斯科战役"的城市争夺战十分惨烈。第十军军长方先觉率部顽强抵抗，以一万八千人的兵力，抵抗日军五个师团近十万人，坚守衡阳城四十七天，孤立无援弹尽粮绝后率余部投降。8月8日，衡阳沦陷。

衡阳虽然沦陷，但将士们英勇抵抗，不怕牺牲的行为鼓舞了全国人民的抗战信心，展示了中国人民反抗外来侵略、捍卫祖国民族独立的爱国主义精神。当时重庆的《扫荡报》给衡阳守军的致敬书中这样写道："你们用血肉抵挡

蒋介石亲临衡阳战役前线

（图片来源：中华军事网）

敌人的炮火，用血肉保卫祖国的名城，给四万万同胞吐了一口闷气！有了你们这一战，才觉得做中国人是最高贵的。后方的同胞对你们真是说不尽的感激，说不尽的崇敬！"重庆《大公报》也发表社论称道："衡阳虽已陷落敌手，衡阳守军的战绩尚在！衡阳四十七天索得敌军巨大的代价，衡阳四十七天是在明耻教战。全国人都应惭愧对国家太少贡献；而凡是中华军人必更普遍反省自己的决心与努力是否也如同衡阳守军，我们以为衡阳之战贡献至大，不仅向敌人索取了代价，也给中国军人做了榜样。"《救国日报》社论中这样写道：

日军轰炸衡阳（图片来源：人民网）

"抗战八年，战死疆场之英雄烈士，至少数十万人；而保卫国士，至死不屈者，亦不在少数；但其对国家贡献之大，于全局胜败有决定作用者，当为衡阳守军。"

衡阳空气异常紧张，不时有小股日寇窜至柏坊镇，当地老百姓开始躲兵。一天晚上，九架日机自衡阳方向沿湘江上空，飞越大坪，这时恰好是学生晚自习，突然炸弹落下，屋瓦飞鸣，大地颤抖。随之空中响起机枪声，火舌划破夜空。同学们迅速躲在桌子底下。半个小时后，大家清理现场才发现敌机投下的几颗炸弹就落在李氏祠堂前面的水田中，幸好没有炸毁教室。还有四枚炸弹没有爆炸，落在红薯地里，每枚炸弹上铸有"昭和十五年造"的字样。

于是学校派学生轮流到山坡上瞭望，看见敌机或者听到飞机的轰鸣声，就大声叫喊"敌机来了，敌机来了"，老师便立即组织同学们往祠堂的后山上跑。除了担心敌机外，学校面临的最大问题是吃饭，先是粮食告急，后来连食盐也紧缺。学校想办法向常宁县教育科以及当地大户借米维持，但杯水车薪，无法解决问题。

大战当前，学校被迫于6月17日提前放假。学校将一部分教具、图书、仪器分散寄存在附近农民家中。当地学生和外地有家可归的学生暂时疏散回家或投亲靠友。但还有一百多名湘北敌占区的学生有家不能回，成了"难民"。家住湘南的同学们，纷纷伸出友谊之手，接纳了部分湘北的同学，手足之情，感人肺腑。1942年入校的长沙籍学生张履谦与徐文思受到同班嘉禾籍同学李秀生的邀请，到嘉禾避难，住在李秀生家中。张履谦后来回忆道，在逃难的岁月里，肚子饿了，就向老乡讨口饭吃；口渴了，便拿杯子舀河沟里的水喝；晚上拿稻草当被子。当时有很多流行病，他其间几次休克倒地，还要躲避敌人毫无预兆的空袭。在李秀生家里，他与徐文思找了一间房子，办起了小学生的补习班，报酬是每学期为他们提供一斗米，勉强填饱肚子。办了半年补习班后，李秀生家人介绍张履谦到嘉禾县庐水小学当小学教员，工资是每学期一担半米。在残酷的战火中，

广益中学校友张履谦院士

在冰冷的现实面前，张履谦愈发坚定心中"读书救国"的信念，坚持自学高中知识。1945 年，日本投降，张履谦离开嘉禾，到广益中学继续高中学业。后来考入清华大学，成为我国航天领域的著名专家，中国工程院院士。

喻子贤坐在学校大门的门槛上，望着何镇秋手中铝盆中的几把糙米，看着外出借粮空手而归的朱谷贻、禹宣三，他点燃一根纸烟，刚吸了几口，就猛地咳起来。他原来并不吸烟，一年前开始抽起来，这一抽却一发不可收拾。夕阳西下，残阳如血，映照在池塘，有些目眩神迷，可谁能想到，这个宁静的山村正面临着巨大的威胁。春夏之交，正是青黄不接之季，田中的禾苗还是青色，稻谷还在灌浆，平日老百姓都是要靠借粮度日，现在衡阳陷落，粮食更加买不到，老百姓的日子也可想而知。

"之透啊，现在只能一日两餐了，一餐干饭，一餐稀粥，我们要共渡难关。"喻子贤掐灭了烟头。"只能如此了。"李之透无奈答道。此时，学校实际工作由李之透主持。1939 年学校在李之透的帮助下

广益中学流浪办学之旅剧照
（李之透校长带领学生艰苦跋涉）

迁到大坪，但他并没有在广益中学任教。自 1940 年起，他先后在岳云、楚南、国立十一中、武冈县雪峰中学任教。1944 年喻子贤因年近六旬，提出辞呈，董事会决定延请李之透主持校务。3 月，李之透重新走入广益中学，担任语文老师和教务主任，后来又代理校长工作。

何镇秋起身朝祠堂中的厨房走去，一路无言，只有一个佝偻背影，显得苍老了许多。后来日寇封锁，食盐更加紧缺，生活也更加困难。老师们的实际收入也因为通货膨胀、物价上涨降低了很多。战前老师们每月的收入是 $100\sim200$ 元光洋之间，折合大米 $15\sim20$ 担，养活一家几口还有富余。而现在收入只相当于 $4\sim5$ 担大米，生活变得困难起来。有的老师深有感触地说，一节课的收入，只够买一盒火柴。

这断时间，日寇四处杀人的消息不时传来，有的老百姓都躲到深山里去了。面对危险，一百多名学生，有家不能回，李之透忧心忡忡。

"走，离开大坪，快点走。"李之透作出了果断的决定。当年是他牵线搭桥来到大坪的，而今天，他又要带着学校离开大坪。五年时光，广益中学培养了近千名毕业生，为中华民族崛起作出了最大的努力。

常宁办学时期广益教师办公椅

6月25日，端午节这天，李之透让学校食堂杀了最后一头猪，让学生们好好吃了一餐肉。一百六十多名学生各自背着自己的简单行李、书籍、粮食，踏上了往深山老林西行的道路。李之透深情地回望了一眼学校，毅然朝着队伍的最前面走去。池塘边的大樟树倔强地昂着头，目送着长长的队伍离去，希望有一天能等着他们的回来。

暮色渐浓，老教学楼愈发苍老，而墙角石缝中努力生长的青苔，又给夜色抹上几许凝重。会议室里，还留有当年的一把木椅，曾经金黄色的木纹如今已变得黝黑，在寂寞的角落里承受着岁月的沧桑。

九

经过几天几夜，一行人相互搀扶步行七十多里后终于到达目的地——庄泉。庄泉在常宁的西部，是更加偏僻的山区，也是生物老师刘伯勋老师的老家。在刘老师的帮助下，学校借到刘家祠堂为校址，安排一百多名学生继续学

常宁庄泉刘家祠堂 （图片来源：百度百科）

习。祠堂很小，学生的食宿都非常拥挤，老师们都只能借住在当地百姓的家中，师生们的生活比大坪更为艰难。

庄泉虽是山区，却成了散兵游勇、土匪无赖时常光顾的地方。为了保卫祠堂，高年级学生组成护校队，日夜轮流站岗放哨。一旦有情况，立即通知大家做好自卫准备。就在这样的困境中，师生们坚持着学习。然而没有粮食成为师生们面临的最大困难。由于断绝了经济来源，学生无法交伙食费，学校也无钱购米。万般无奈下，学校只好到宁远求助省教育厅①。

宁远，即使在战时，也显得异常安静。虽然街上不时有兵车疾驰而过，人们的脚步大多匆匆忙忙，但小贩们依旧照常营业，秩序良好。教育厅大堂中进进出出人们的脸上的神情，或是期待或是失望的眼神。李之透赶到宁远，向省教育厅禀报了广益中学办学的艰难，请求教育厅发给学校救济粮以免断炊之苦。教育厅深受触动，给常宁县田粮处开出批文，要求常宁田粮处发给广益中学救济公粮，这燃起了大家的希望。

就在这样的憧憬中，李之透领着部分师生，饿着肚子又赶到常宁田粮处。只见一个军官用枪顶着田粮处魏处长的胸口，拖着一车粮食扬长而去。

"老兄啊，刚才你也看见了，前方战事吃紧，我哪还有粮食救济你们学校。"魏处长左手拿着省教育厅的公文，右手用力地弹着那张寄托着广益师生希望、关乎广益师生性命的有点泛黄的纸，将李之透推向千里之外。这张纸就像李之透的救命稻草，他想拼命地抓住，但那根稻草渐渐地沉入水底，他的心凉到了极点。李之透摇摇晃晃地在县政府与庄泉几十里的山路上，每天天不亮，他就满怀希望出发，每天傍晚，当田粮处的大门慢慢合拢的时候，他带着失望往

---

① 长沙沦陷后，省府机关都内迁至西部，省教育厅、民政厅等机关当时迁至宁远县城.

回走，来来回回近十趟，胶鞋都已经磨得见了底。

　　每每回到学校，同学们都跑过来围着他，开始他总是说，明天再去，田粮处会答应的，问题一定会解决的，要大家放心。当时间一天天地过去，他说话的底气已经越来越弱，望着同学们期待的眼神，他把大家召集起来，高声说道："同学们，只要我李之透还有一口饭吃，就绝不会让同学们挨饿。"他向同学们讲明困难，希望大家共渡难关。李之透把自己值钱的东西抵押给当地人借来粮食，让学生用长裤作粮袋运回刘氏祠堂，再推磨成糙米，同时发动大家到田间地头找野菜吃。一些老师，面对家里几张嘴，生活更是困难，只能以碎米，甚至细糠充饥。黎赞堂老师家中还两次遭遇了土匪的洗劫，本已家徒四壁，这时生活更加困苦，大家就你一把我一把帮着黎赞堂老师。在庄泉的日子里，大家始终紧紧团结在一起，在艰难困苦中相互安慰，相互救济，相互鼓励。

　　1944年8月8日，衡阳失守。8月下旬，国民党第37军95师防守常宁重镇萌田。8月30日，日寇架浮桥从烟洲、东江口强渡湘江，迂回包围萌田，95师撤退到盐湖，继续阻击日寇。8月31日，驻守常宁县城的国民党37军60师师长黄保德下令所有居民不得留城，命令士兵挨家挨户把未疏散的居民赶出城，实行坚壁清野政策。9月15日，黄保德下令火烧南门。9月29日，日军攻陷常宁柏坊，偷袭嘉塘，占据刘家岭，用大炮摧毁驻守石湾的国民党军队哨所，向县城方向的莫家园进攻。国民党守军坚守阵地，利用有利地形，打退日军的一次次进攻，日军伤亡惨重。晚上，日军借助大炮猛轰，莫家园守军全部阵亡牺牲。日军集中火力，猛烈攻击刘家岭、莫家园，城中房屋燃起大火，北门胡家塔被炮弹轰倒，南门苍岭城墙被轰垮十余丈。守城官兵用炮火阻击敌人，与攻入城内的敌人开展巷战、白刃战和肉搏战，最后全部壮烈牺牲。日军以极其惨重的代价攻陷县城，常宁陷落。

广益学生踊跃参军，抗日报国（图片来源：湖南师大附中校史馆）

　　据《常宁党史》记载，从 1944 年 6 月 15 日日军飞机轰炸烟洲、水口山，到 1945 年 9 月 8 日撤出常宁，此地人民遭到空前浩劫，日军犯下的罪行罄竹难书。沦陷期间，全县死亡 22 753 人，受伤 153 400 人，流徙 187 567 人，妇女被强奸 50 567 人，烧毁房屋 5 235 栋，损坏房屋 16 936 栋，损失粮食 74.4 万担、耕牛 3 226 头、农具 31.1 万件，总计损失一百亿元法币以上。

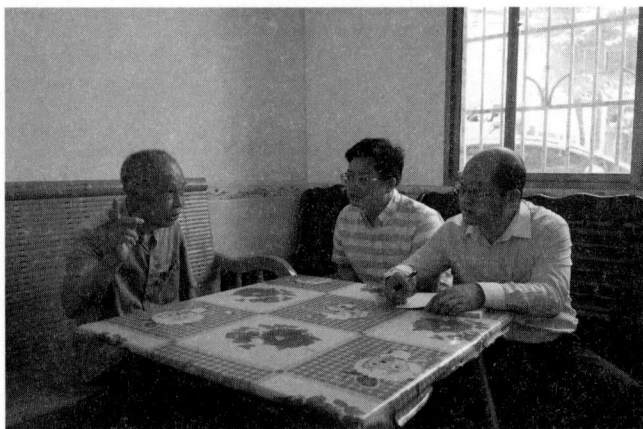

采访了解广益中学常宁办学掌故的老人

1944 年 7 月衡阳战事吃紧时，广益师生积极宣传抗日，四处张贴"驱除日寇，还我河山"、"誓死不做亡国奴"、"抗日到底，争取最后胜利"、"空室清野，严防日寇打劫"、"当汉奸没有好下场"等标语，并散发传单。国军在常宁招兵，十几位高中生积极响应，报名参军，走上了抗日战场。出发那日，李之透带领师生给这十几位学生送行，"好男儿，杀敌寇，卫家园，你们是广益的骄傲。"李之透深情地说道，"来，我们一起唱校歌。""广益，广益，湖南革命策源地，先烈艰辛难尽述，耿耿精诚都付与莘莘学子……广益，广益，光荣犹未已。"嘹亮的歌声响彻云霄，广益好男儿义无反顾地踏上了抗日的战场，为民族的胜利洒下自己的青春热血。

此外，学校将一些年龄较大、组织能力较强的学生介绍到抗日后方机关或者小学服务。同时遵照第九战区长官部救济战时失学青年办法，选拔年龄、体格均合格的学生六十多人，于 9 月初，由军训教官率领，先到零陵专员公署集中，再转至广东坪石报到，参加由第九战区干训团和湖南行政干训团合办的学生教导总队。师生告别，同窗挥手，依依不舍，泪水涟涟，场面十分感人。

沦陷后的湘中，笼罩在日寇的阴影之下，日军烧杀抢掠，老百姓民不聊生，就连深山中的庄泉也不得安宁。在庄泉的两个多月里，有的学生参军赴前线杀敌，有的学生到广东受训作预备队，有的被家长接回，还留下一些年龄较小的同学在庄泉熬煎。

何处才是广益的家啊。李之透安顿同学们睡下后，独自来到刘氏祠堂前的池塘边，发出长长的一声叹息。蛐蛐在草丛中发出时长时短的声音，远处几声犬吠让大地更显肃静。李之透摇了摇手中的蒲扇，往事又浮上心头。从 1939 年 2 月开始，广益中学在常宁度过了五年半的艰难时光。但现在，衡阳沦陷，常宁不宁，只能继续向后方走了。走，必须走，一定要留下广益的火种，李之透内心愈发坚定。月亮早已隐没在云层中，黝黑的青山衬托着暗淡的夜空。但即便在一片混沌中，李之透仍然清晰地看到一个火把带着他们，在崇山峻岭中跋涉前行，前行……

我抚摸着祠堂厚重的石门，清凉如水；踏着长满青苔的石阶，静寂无声；仰视着老屋中庭的天井，落寞无边。常宁五年，留在大坪宜水河中的所有身影，已悄然逝去。奔走在庄泉山野中的所有脚步，也了无痕迹，但那段岁月中办学的艰难、饥饿的挣扎、牺牲的血雨与坚贞的泪水都已留在这块厚实的大地，撞击着我、我们这些后来者的记忆，直到永远。

第三部分

青山万重思高阳

——广益中学外迁蓝山访记

学校创始人贺之莫

风景秀丽壮美的蓝山县

（图片来源：蓝山政府网）

1944 年 8 月衡阳失守后，湘中迅速变为沦陷区。此时李之透的目的地是宁远——省教育厅所在地，他曾经借粮的地方，只有在那里，也许可以找到落脚点。他带着十几位同学，经过六天的艰难跋涉，出现在宁远街头。学生们个头矮小，衣衫褴褛，围着李之透，就像是一群要饭的乞丐。只有李之透的眼镜告诉着人们，这是一群渴望知识的学生。但现在，更需要的是一个容身之处。

在如此困难的时期，又是校友伸出了援助之手。李之透找到广益中学高一班毕业的彭肇藩校友，当时彭肇藩在宁远育群中学教书，在县城有三间瓦房。彭肇藩热情地将师生们接到自己家里安顿下来，"我是你们的学长，现在大家都听我安排，所有同学去前面的舜水河里洗澡，把一身臭汗洗干净，我现在做饭，让大家好好地吃一顿。"彭肇藩边招呼大家放下行李，边安排要做的事。同学们都高兴地跳了起来，几个初一的同学立马脱了衣服，光屁股往河里跑去。

"校长，您受苦了。"彭肇藩等大家都到河里去后，转回身看着脸庞清瘦、头发老长、衣衫破烂的李之透，泪如雨下。"肇藩啊，这些学生真是吃得苦啊，一路上走来，硬是没有一个哼一声。"李之透用手指指外面，"高二学生方华首同学甚至背初一小同学走，不容易啊。"

"广益中学到今天，只剩下这么一点点人了，也不知道将来会怎样，但只要有人在，有学校的牌子在，就还有一点盼头。"李之透喝了一口凉水，内心平静了许多，自己给自己鼓劲。"你这里也无法住这么多学生，即使住下，也无法上课。先住几天，你和我一起去找教育厅交涉，看能不能找到上课的地方。"

然而，当李之透一次次敲开教育厅大门后，得到的只是一次次"自己想办法"的回答。"我要是自己有办法，怎会到宁远找政府？广益中学实在是走投无路啊！"李之透苦苦哀求，希望教育厅在宁远找个地方收留广益师生。去年李之透从这里领到了一张无法兑现的空头支票，今天又被拒之门外，内心失望到极点。李之透和彭肇藩走遍县城大街小巷，希望可以找到栖身之地，但到处碰壁。宁远不小，却安不下一个小小的广益。

李之透拖着疲惫的身子来到舜水河边，从深山老林流出的河水，清澈而干净。月光下，河水碰撞着河道中石头，泛起一条条白色的浪花，发出哗哗的声响。"走！"李之透再度吼出知识分子的倔强，"从长沙走到大坪，从大坪走到庄泉，从庄泉走到这里，我就不相信没有广益待的地方。"他捡起一块石子，朝远处的河水中扔去，迸出一朵浪花。

几天后，李之透带着仅剩的几张法币，挥手告别彭肇藩，和师生们继续朝着更远的蓝山县城出发。去蓝山没有大路，全是崎岖不平的山路。师生一行你牵我扶地翻山越岭，走了八十多公里，到达了蓝山县城。

李之透左右打听，终于找到了富阳头小学，几经交涉，对方答应收留广益中学。皇天不负有心人，几个月的流浪生活终于可以结束了。师生们相互拥抱，相互安慰。高高兴兴地打扫教室，把仅有的一点生活用品搬进宿舍。说是小学，其实只是几间砖瓦房，条件简陋至极，但毕竟不用再餐风宿雨。

蓝山县富阳小学现址

（图片来源：蓝山教育局）

在富阳头安顿下来没多久，紧接着的一场争执，把李之透气得吐血。一天，富阳头乡公所所长来告知李之透，上级把富阳头小学的地方安排给了湘南临时中学（1944年日军进犯永兴，省立三中与省立二中、省立十一中三校奉令合并，组成了湘南临时中学，当即迁往蓝山。省立二中即茶陵一中前身，省立三中即永兴一中前身，省立十一中即岳阳市一中前身），广益中学需要让出来另外找地方。历尽千辛万苦找到的落脚之处，竟然被要求让给别人，李之透一听火冒三丈："怎么可能，怎么可能，这里是我们先找到的，我们凭什么让给湘南中学？"公办学校得到政府的照顾，私立学校处处受到掣肘，师生们义愤填膺，要去找政府评理。

李之透虽说火冒三丈，但他转而一想，人在屋檐下，不得不低头。在人家的地盘上，自己势单力薄，只能忍气吞声，又是一声"走"，带领大家找到离县城二十多里的所城镇，租借阮氏祠堂作为校舍，才最终安下身来。

相传舜帝南巡时，足迹遍布南方各地，其终点在蓝山一带。《史记》载舜帝"南巡狩，崩于苍梧之野，葬于江南九疑"，但随舜帝南巡的纳言之官夔、礼乐之官龙两位大臣却崩于蓝山，蓝山建有夔龙二庙。舜帝南巡遗迹在蓝山有舜乡、舜岩、舜水、舜河、舜峰、舜庙等。蓝山有上古遗风，民风淳厚、山川秀丽。

蓝山县舜水河（图片来源：新浪网）

蓝山县是一个小县，即使在今天，也不过四十万人，当年的县城恐怕只有几万人而已。2014年9月28日，我和黄月初副校长、谢武龙、刘军林、赵景云再次驱车从长沙到蓝山，全程高速大约是五个小时。在蓝山县教育局办公室主任的安排下，开始了我们的寻访。

绿荫葱葱的蓝山县所城镇

从县城出发，沿着舜水河一直往大山深处走去，两岸山高林密，苍松翠柳，怪石突兀，奇景延绵不绝。枯水期的舜水河，大块大块的石头裸露在河床上，经过千万年的冲刷，棱角早已磨光，躺在河道中央。汽车沿着弯弯曲曲的山路，慢慢行驶着。"前面不远就到所城了。"接待我们的所城镇长介绍起来，"明洪武二十三年（1390），当地老百姓在杜回子的带领下，占山为王，反抗政府。官府派军队南下平定后，随即留下兵员屯于宁溪。洪武二十六年设立宁溪守御千户所，简称宁溪所，并兴筑城垣，因此叫所城。"所城之名，来自明朝的卫所制度，卫所是明朝军队编制。军队组织有卫、所两级。一府设所，几府设卫。兵士有军籍，世袭为军，平时屯田或驻防。遇有战争，朝廷命将，率领调自卫、所的士兵征战。卫所制有些像世兵制，又类似于唐代的府兵制。

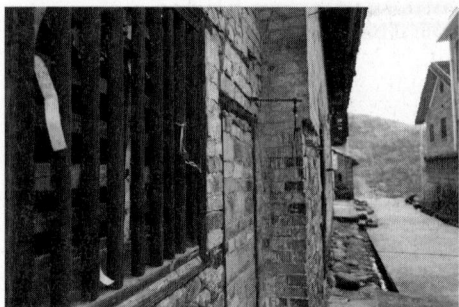
蓝山县所城街道

车慢慢穿过一条狭长的街道，两边的房屋因年深月久有些破旧，但是街面干净整洁。老汉们跷着脚坐在街边聊着天，有的还吸吧着旱烟。老婆婆则忙活着做腌菜，小孩子在街边玩着沙子。青山环抱，舜水河静静地流淌，一派祥和气象。

在一座用石头墙基垒成的老宅子里，我们找到了老校友阮伯龄。阮老高龄八十九岁，一直住在这座老宅子里。老宅子有一个天井，天井的三面房屋已经荒废，窗户上的木刻雕花由于太阳的暴晒呈现出浅黑的裂纹，石头的墙基因潮湿而长满青苔。"这座宅子是我叔父传下来的，已有一百五十多年了。"阮老和他的老伴向我们慢慢讲起往事。

"广益中学1944年来所城后，我就在广益中学读书。我原来在蓝山中学读初中，在广益中学读的高中。班号已不记得了，只记得蓝山的同学多。"学校校史记载：1944 年招收了高中第 28 班 60 人、初中第 46 班 35 人，新生中蓝山籍的有 82 人。当年全校 479 人休学，在读学生仅 170 人。除李之透外有老师 6 人，职员 7 人。

采访所城广益中学校友阮伯龄老人

"学校租用了所城小学的房子，就在我住的街道的前面，另外就是租用了阮氏祠堂办学，条件很艰苦的。"阮老抬起手，指了指门外。

所城小学今天已被一栋四层楼房取代，全没有当年的痕迹。从街道的尽头向右拐则是一条长满蔓草的小路，小路下边是舜水河，河道从密林深处笔直过来，因受到山体的阻挡，在这里来了一个九十度的转弯，再顺势而去。拐弯处河面较宽，河水很少，河床尽是粗大的白色石头。凭借宽阔的河道与十几米的陡坡地势，所城卫所在这里修建了城防。在小路边南瓜藤缠绕的空隙中，清晰可见一块块排列整齐的石墙，这是卫所墙垣的遗迹。不远处，一座青瓦灰墙的残败老式建筑颓然立在一片房屋中，那就是阮氏祠堂。

所城小学

阮氏祠堂

祠堂前是一块野草丛生的草坪，草坪中安放着几块青石板直通祠堂正门。正门上面挂着阮氏宗祠的牌匾，用笔圆润、厚重。青石门柱上雕有精美的花纹，两旁镌刻着一副门联，字迹已经模糊不清。跨过高高的磨得发亮的门槛，是祠堂的正堂屋，堂屋已被一户人家砌了墙当作房间，两边的房屋也都已拆毁。正门与堂屋之间是一个两丈见方的天井，天井上方的屋檐沟都已长满青草，天井中则散落一地碎瓦片，几只土鸡在悠闲的散步。祠堂高高挡火墙上的飞檐以及过道横梁上的精美雕花诉说着往日的繁华。时间真是无情，繁华剥落后，一切都显得凋零与破败。

在这里，广益中学的办学条件较之常宁更加困难，没有教室，没有图书仪器，甚至连基本的生活设施都缺乏。但学生们努力读书，老师们尽心教学。其时，日军逼近蓝山，虽说山高林密，但为安全计，学校又只得疏散。一些高年级学生又到广东坪石教导大队参加集训，穿上军装，踏上抗日的战场。其他学生在李之透的带领下，躲进了瑶山的岩口洞。

1944年12月，天寒地冻，李之透为了学生们的安全，带领一百多学生，从阮氏祠堂将行李、书籍带出，在当地老乡的带领下，冒着大雪前往瑶山深处的岩口洞。岩口洞是瑶山中的一口大岩洞，有几十米深，可以容纳两百多人。洞前一株几百年历史的大樟树，恰好将洞口遮盖。为了防止学生们感冒生病，李之透让每个同学每天都要喝一大碗辣椒水，抵御风寒。他不断派人下山打探消息，等时局稍微稳定，在当地老乡的帮助下，回到所城阮氏祠堂上课。在冰天雪地的岩口洞，师生们共同度过了整整十四个日夜。期末，学校延期放假，将耽误的这两星期的课全部给学生补上。

"那段日子真是苦，你们是难以体会啊。"阮老感慨道。是啊，民族有多苦，百姓就有多苦。

蓝山县瑶山岩石洞洞口

蓝山县瑶山岩石洞前大樟树

三

　　1945 年春，广益中学在当地知名人士钟伯毅的支持下，迁到离县城只有两里的高阳里，租借高阳里小学与钟氏祠堂办学。

　　山地高而当阳，谓之高阳。高阳位于县城的南郊，背靠俊秀的凤冠山，前临清澈的舜水河，村前一棵高大的古槐，钟灵毓秀、风光无限。这里所住的大多是钟姓人家，族谱记载是元延祐五年（1318）避乱从江西泰和县迁至湖南蓝山。

高阳小学

　　在高阳村，村支书拿出了一本《蓝山县钟氏族谱》，"这可是冒着很大风险保存下来的。"支书感慨地说。这本民国二十五年修的族谱，绿色封皮已经微微卷起，历经七十多年风雨沧桑，记载着钟氏

蓝山县钟氏族谱

家族的变迁。国民政府主席林森题写的"水远泽长"赫然印在第一页，"民国二十四年，湖南省政府主席兼剿匪军第一路总司令何键敬序并书"在次页，由此可见钟伯毅在当时国民党高层中地位和身份很不一般。稍微数数，族谱中记载：在国民党军队任中校以上、政府部门任职的官员就达八十三人，民国县长就有十人，这对只有三百户人家的高阳而言，不能不说是一个奇迹。

钟伯毅，字槐村，生于光绪六年（1880）。曾祖父钟立优、祖父钟范、父亲钟仁浩都是拔贡。拔贡十二年一考，每县只取一人。钟家一门三拔贡，实属不易。光绪二十六年，钟伯毅二十三岁，湖南乡试考取第二十八名举人。宣统元年（1909），清政府实行预备立宪，各省成立咨议局。清政府规定参选人员必须符合五项条件中的一项：在本省办学校或公益三年以上者；财产五千元以上者；举贡生员出身；曾在新式学校毕业者；曾任实缺文官七品以上，或军功人武官五品以上者。在选举中，谭延闿当选议长，钟伯毅

钟氏祠堂

成为湖南省八十二名议员之一，并且选为十六名常驻议员之一。钟伯毅历任中华民国首届议员，广州军政府秘书，湖南省宪法筹备处主任、财政厅厅长、汽车路局总理等。20世纪30年代，钟伯毅已是蓝山首富，他在蓝山成立林务公会，大力植树造林；创办弘毅农村服务馆，从事稻种改良推广、贷方耕牛、推行新式纺纱机、社会

调查等。他还是蓝山新式学校的首创者，是蓝山一中、二中的重要创始人，是湖南大学筹建委员会的八位委员之一。1944年日军进攻湖南，国民政府决定，将国民党湖南省党部、省政府财政厅、教育厅、建设厅、民政厅等十个省直机关均迁至蓝山，钟伯毅作为当地知名士绅，努力为政府机关寻找安身之所。其中，省政府秘书处、民政厅、财政厅的办公场所就设在钟伯毅家的院子里。当年，省政府秘书长、代理主席陶履谦就病逝在钟家。1949年，钟伯毅到台湾，勤修佛法，也经常思念家乡，晚年有诗作云：亲亲缘好更贤贤，趁数清门汉颍川。流水高山音协德，飞鹤鸿舞势擎天。狂狼要织家为砥，故土宁为脉涌泉。海上披襟看壮阔，商量大计溢眉边。国祚期长发其祥，并祈蓝邑用蕃昌。1962年去世时，葬礼由国民政府主办，蒋介石亲书"葆贞垂裕"匾悼念。

在村长指引下，我们来到钟氏祠堂。钟氏祠堂如今淹没在几栋新落成的三层楼房中，门前的池塘因现在村民都用自来水，没有加以保护而荒废。但一字排开的三进主堂屋、两进侧堂屋与青砖上雕樑画栋，还可一窥当年的辉煌。正堂屋门楣上悬挂着由国民政府主席林森题的"水泽绵长"匾牌。跨入大门，第一个天井后的堂屋悬挂着"母仪不朽"、"文翰光国"匾牌。第二个天井后的主堂屋则是祭祀钟氏先祖的地方，神台庄严，玉盏常明。祠堂现在虽然没有人住，但钟氏族人"办大事"还在这里。

"当时，钟伯毅仰慕广益中学办学认真，在战火中坚持不散，所以延请广益中学来这里办学。"钟支书对我们说，"同时钟伯毅也是为钟氏家族子弟入学的方便。"

广益中学来这里办学后，条件比在蓝山改善了许多。这里办学条件好，又有钟伯毅的大力支持，人气一下子兴旺起来。春季招收高中第29班及初中第47、48班，全校十一个班共四百三十多人，教职员工三十人，当年还有一位女老师。

1945年4月12日，广益中学举办四十周年纪念会。李之透在全校师生大会上作了一个发言，"同学们，告诉大家一个最好的消息，苏联红军二百五十万人已经包围了柏林，德国法西斯的灭亡已经为期不远了，也就意味着日本法西斯的灭亡为期不远了！我们就要胜利了！"全场响起热烈的掌声，"抗日必胜，抗日必胜"的口号地震山摇，众人含着眼泪喊出了一个民族最深切的愿望。

坐在主席台上的省政府官员都受到了强烈的震撼，省政府代表宣读了省参议会的贺信，"广益中学成立四十年来，成绩优良，声誉卓著。犹能在抗战中不畏艰难，为我民族办学兴教，特准许发给学校奖金五十万元。"全校师生万分激动，鼓掌感谢政府对广益中学的高度肯定。会后，大家从时局谈到学校，既兴奋不已又感慨万千，各界人士出来参加此次纪念会的有很多，使一向沉寂的山城顿时热闹起来。

四

1945年秋季，学校人数猛增，除招收了高30班、初31班外，还招收了大量的插班生，全校十三个班共有八百三十多人，教职员工三十七人。学生中蓝山的二百三十四人、常宁的一百七十四人，宁远的一百零七人。学校租借当地的一些民居办学。

1945年8月15日深夜，山城传来日本投降的消息，大家奔走相告，欢喜若狂，鞭炮声、欢呼声响彻山城。

10月中旬，李之透回到长沙，与在长沙的曹孟其校长、朱谷贻主任着手筹备复校工作。看到一片瓦砾的熙宁街校址，李之透不由得悲从心起，几度哽咽落泪。1938年的文夕大火，使临街的会议厅、事务所、博物标本室、生物实验室、图书室等全被烧毁。之后长沙经过四次会战，又是一年零三个月的沦陷，大礼堂、阅览室、健身房、游艺室、卫生室、寝室、教室等先后被焚毁或拆除，仅留下残垣断壁，满目疮痍，校内杂草丛生，一片荒凉。

庆祝抗战胜利（图片来源：搜狐军事网）

抗战胜利，广益中学在
《长沙日报》发文恢复招生

当时最大的问题是资金，最初设想是借助学校董事（时任省建设厅长余籍传）的关系，希望能从省救济总署的救济经费中解决部分建校经费问题。但余籍传希望学校自己想办法筹措资金。在这种情况下，曹孟其与李之透不遗余力，多方奔走，找钱庄和富户请求贷款，曹校长甚至把自己的家当全部做抵押，这才艰难复校。唯一令人欣慰的是建校用的木材有着落。在 1945 年离开常宁前，禹宣三拜托生物老师刘伯勋做中介，在林木茂密的常宁西乡购置了一块杉山，大量木材正好派上用场。

11 月 18 日，广益中学发了一篇《广益中学下期返长复课》的

新闻报道：湖南私立广益中学，为革命烈士禹之谟所创办，迄今已四十周年，历史悠久，成材众多。长沙大火后迁常宁办理。现已省垣光复，该校决定下期迁回长沙。该校董事长黄士衡特召集驻省董事余籍传、左学谦等举行校董事会议，讨论复原问题。当聘请名流多人，组织复原委员会，积极筹谋早日返省复课。

年底，学校召开董事会，做出三项决定：一是组织复原委员会，推举黄士衡、王劲修、余籍传为常务委员，广泛发动募集复原资金；二是举行校友重新登记，恢复校友会组织，加强联系，帮助学校开展复原工作；三是成立建筑委员会，推举左学谦、苏惠荪、朱谷贻、欧阳德邻为委员，聘请高一班校友贺业锯为工程师。同时学校制订了第一个五年计划，主要内容包括：修建原有礼堂及八间教室，修建学校五栋自修室及内外操坪，修建中心大楼、学生宿舍、体育馆、医疗所、水塔、校门以及校内绿化。

抗战胜利，广益中学复课

（图片来源：湖南师大附中校史馆）

1946 年春，学校在常宁进行了一次招生考试。禹之谟的嫡孙禹灿宣考取高中第八名，他和蓝山的同学们一道，带着美好的期望，回到了熙宁街上的广益中学。湘江边杨柳吐蕊，微风轻拂，熙宁街书声琅琅，欢歌笑语。一切的美好都等待着李之透、禹灿宣们开始新的征程，伴随着隆隆炮声，广益中学又迈向了一段新的岁月。

禹之谟传记

　　禹之谟（1866—1907），名志谟，字之谟，别号稽亭。湖南双峰人。六岁入私塾，爱好古文、唐诗和历史小说，喜好练字，爱作古风，不喜《四书》、《五经》。十二岁丧母，受四婶母兄弟习武的影响，为人仗义，爱打抱不平。十五岁到邵阳布店当学徒，不久返家务农。同时自学《史记》、《汉书》，尤好《船山遗书》。二十岁后外出谋职军中，任文书、军需。1894 年参加甲午战争，于山东、河北、辽宁一带运送粮饷军械，不避艰险，赏五品翎顶，候选县主簿。多年游历，目睹清廷腐败，心灰意冷，遂于 1896 年处理完父亲丧事后，离开军队，开始考察长江下游的矿产，研究实业。1898 年，结识谭嗣同、唐才常等人，思想日趋激进。谭嗣同维新失败后，认为"倚赖异族政府改行宪法，无异与虎谋皮"，遂投身革命，决心反清。1900 年，参加唐才常领导的自立军，起义失败后东渡日本，投身大阪、千代田等工厂，学习纺织工艺和应用化学，进一步接触了西方资产阶级革命思想。

　　1902 年回国，在安庆开办阜湘织布厂，暗中鼓吹革命。1903 年织布厂迁至湘潭，改名湘利黔织布厂，与黄兴、宁调元等人交往密切。1904 年将织布厂迁到长沙小吴门附近，后又迁到北正街，人数达五六十人。同时开设工艺传习所，培养工人。同年加入华兴会，深得黄兴信任。1905年受黄兴之托，成立中国同盟会湖南分会，并担任首任会长，积极发行《民报》。4月禹之谟创办惟一学堂（包括小学、中学和师范），自任监督，旨在"保种存国"，培养革命人才。教师均为同盟会会员，积极宣讲革命思想。

1906年5月，不顾清廷顽固势力的反对，与革命党人陈家鼎、宁调元、覃振等组织长沙各界万余人公葬陈天华、姚宏业两烈士于岳麓山，惟一学堂学生彭遂良当学生队队长，走在队伍前列。声势浩大的公葬活动，申张民气，引起清廷的恐慌。6月禹之谟率湘乡驻省中学堂监督王礼培等人赴湘乡县署请愿，要求将畅远盐行经收的食盐附加税浮收款充作湘乡中学堂学费。8月，清政府以"哄堂塞署"罪名逮捕禹之谟，随后查封惟一学堂。禹之谟在狱中遭受严刑拷打，1907年2月6日被绞杀于靖州西门，时年四十一岁。在狱中，禹之谟写下《遗在世同胞书》：躯壳死耳，我志长存。同胞！同胞！其善为死所，宁可牛马其身而死，甚毋奴隶其心而生。1912年，南京留守黄兴呈请临时大总统追赠"陆军左将军"，恤其遗族。11月15日，公葬于岳麓山，黄兴亲自参加公葬仪式。

禹之谟的一生，走的是实业救国、革命建国、教育兴国之路，不愧为伟大的民主革命先驱。

百有十年校庆志

惟一发轫，附中传扬。百有十载，薪火繁昌。昔日先贤，教育救国，艰辛备尝。后者贤达，积极耕耘，育才兴邦。自强不息，敢为人先，勇创一流，精神绵长。今逢校庆，谨记以详。

荆楚天高，启人类文明之滥觞；潭州地迥，开湖湘文籁之正脉。沧浪水激，汨水曾吟求索语；学府名高，赫台今发革新声。

悲夫，晚清国弱，社稷蒙尘。戊戌风云，谭公践义成仁；才常兵败，之谟东渡求索。华兴同盟，西学渐长。克强侧身明德，驱除鞑虏；禹公再辟惟一，恢复中华。承"人心惟危，道心惟微，惟精惟一，允执厥中"之真传，绍"屈贾行吟，范公忧乐，船山经世，曾左担当"之精髓。栉风沐雨，开拓黉门。延开明之士，纳革命之才，演救国之技，立护国之梁。

嗟乎，时局动荡，命途多舛，校址九迁。初设小桃园，再迁三公祠，三迁顺星桥，继至潮宗街，后驻草潮门，复又迁西园。铁马萧萧，旌旗猎猎。汉口枪响，王朝永别。谭延闿主政，再归熙宁街；汤芗铭督湘，流落储备仓。谭公重回，熙宁永驻。贼寇南侵，保国存种。初迁望城沱市，再往常宁大坪，后驻蓝山所城。呕心沥血兮，杏坛以报。颠沛流离兮，关山远上。

呜呼，先贤创业艰难，无以竟书。禹公稽亭"宁可牛马其身而死，甚毋奴隶其心而生"，被绞杀于靖州；罗公介夫"铮铮铁骨，弹劾贪赃枉法"，被狙杀于观沙；任公邦柱"励精图治，夙夜在公"，积劳成疾竟吐血而亡。

天下为公，敢为人先，精神传扬。惟一封，志不灭；英算起，胆不缺；广益立，雄心决。反傅张赵，冲锋在前。迎北伐军，不甘人后。声援救国，投身救亡。怀博大之精神，继以峥嵘；格万物之至理，勇于求索。齐眉棍舞得虎虎生威，舞雩社办得有声有色，抗战歌唱得热血腾腾。舍身救国兮，奔赴疆场。视死如归兮，气吐眉扬。

待国耻洗雪，告别高阳，凯旋故乡。久历战火，熙宁街满目疮痍；重修校舍，众师生同心共济；奔走募资，曹孟其典卖家当。办学甫定，又兄弟阋墙。绿岸黎明，发宏音以迎正道；秘密入党，驱黑暗以接晨阳。

伟哉，山河再造，乾坤朗照。由私改公，云麓加盟。迁址河西，百年永定。保家卫国赴半岛，孜孜不倦绘蓝图。聚赞唐教学之智，启航模第一之名，气象重开，芬芳绽放。

长叹国运多艰，焚书批儒，日月无光。思想混乱，损失难量。拨乱反正，重回正道。迎风破浪，奋力攀登。三主思想，三基战略。躬耕杏坛，发愤图强。

扶摇万里兮，非向往而不成行；来归八方兮，非从容而不激昂。登高望远，传承创新。以人为本，并蓄兼容。理性办学，高举素质教育之大旗；内涵发展，构建两性四型之体系。明确思路，学生差异性培养；把握关键，教师研究型发展；坚持方向，学校高品位追求。大家有大举，大气成大器。育学子素质全面个性彰显，赢美誉课改先锋金牌摇篮。科学见长，人文厚重。科研兴校，全面育人。公者无私，勤敏以行。仁爱为本，勇毅以任。鹤鸣九皋兮，祥和之声闻四野；桃花一维兮，文采之色驰八方。

菁菁校园，五十六台阶拾级而上，八十八香樟葱茏以覆。春有琢园百花争艳，夏有镕园蛙鸣鼓噪，秋来友谊林丹桂飘香，冬至洁齐亭白雪皑皑。日出而鸽哨清鸣，月起而鸣虫咏夜。四时之景，美轮美奂。百年樟，历经沧桑见往事，俯察芙蓉之美景。千年铁，列阵如兵吐新枝，仰观乾坤之浩渺。楼宇晏然栉比，教舍俨然有错。科学楼探索奥秘，惟一楼孜孜以求，广益楼厉兵秣马，执中楼求真务实，图书馆宬纳万卷，校史馆追昔忆往。

本固根深，方能枝繁叶茂。名师名生，才成名校之名。文修节操，开坛弘毅；理重启发，实验探微；淡泊明志，宁静致远。含英咀华，教训后学。硕果累累，事迹煌煌。

百有十年，革命革新。披荆斩棘，风雨兼程。薪火相传，盛结六万之桃李；弦歌不绝，繁育数百之桂兰。教改实验，探索现代教育之方法，目标高远，培养拔尖创新之人才。学子学而不倦，良师重任在肩。

今逢华诞，追忆先贤，不忘源流。沧桑回首兮百有十年，筚路蓝缕兮创业维艰。国家永昌兮教育为先，民族复兴兮同侪共担。

乙未仲春

　　我是一名历史老师，2001 年来湖南师大附中后，上课时不时地要讲到校史。一般会讲到学校创始人中国同盟会湖南分会首任会长禹之谟在 1905 年创办惟一学堂，还会讲讲长沙其他学校诸如明德中学、长郡中学、周南中学和长沙市一中当时创办的情况，让大家清楚晚清时期长沙基础教育的情形，也让学生明白湖南师大附中的"家庭出身"。但仅此而已，因为对学校的了解仅此而已。

　　2007 年到了教科室后，时常思考校史馆中"自强不息、勇创一流"的学校精神，也时常思考学校报告中"传承与创新"的含义。可经常想不清、想不透，这样的日子折磨了我好久。2010 年到学校办公室后，情况有所缓解。来校教育考察团很多，每次都要带他们去校史馆，参观学校光荣历史。这时，我开始追问"光荣"与"厚重"的底蕴，追寻"自强"与"传承"背后的故事。

　　支撑名校的是名学生，校友才是校史馆的主人。大厅里非常整齐地排列着四十六位杰出校友的照片，在射灯的照耀下，一片璀璨。百年附中，人才辈出。有辛亥革命的先锋，有工人运动的领袖，有共和国总理、将军，有中国工程院、科学院院士，有艺术巨匠、哲学泰斗、道德模范、经济精英、娱乐先锋等。经世之才、护国之梁，支撑着民族的发展。

　　闪耀的群星依靠图片下方的简短文字总是不能让人发出仰慕的感慨，念着苍白的文字像是一个无知的导游，而人物故事就能调动大家的情绪。我常常以中国的故事开头，看到客人若有所悟后，然后讲照片人物的故事，客人一下子就来了兴趣。校史馆中第一人彭遂良，我会讲他和他弟弟彭昭1911年一起攻打宜章县城，牺牲后葬在岳麓山的故事，告诉大家民国建立有附中人洒下的鲜血。讲到柳直荀，我会告诉大家柳家与杨家的渊源，柳直荀与毛泽东的关系，毛泽东《蝶恋花·答李淑一》中"我失骄杨君失柳"的来历，以及这首词最先发表在湖南师院院刊上的经过。当然我会重点介绍朱镕基，中华人民共和国前总理当年的成绩与故事也让大家兴趣盎然。走一圈，就是一百年，来访者都会感叹"附中真了不起"，而我也会一次次地感动。

我感动，是因为我知道；我不感动，是因为故事沉睡太久。于是我开始寻找附中的故事，了解故事中的人与事。

德国历史学家冯·兰克在《拉丁与条顿民族史》的序言中说："我这里只打算做一件事——这就是完全如实地说明事情的真相。"

把真相说出来是何其艰难，那就尝试先讲讲八年抗战时期广益中学外迁的故事。感谢学校档案室弥足珍贵的三十年代《学籍册》、《广益旬刊》，感谢江文笔1989年主编的《湖南师大附中校史（1905—1990）》，赵尚志1999年主编的《我与母校》，刘磊2000年编辑的《校友之光》，刘磊、黎长昭编辑的《湖南师大附中（含广益、云麓）大事记》，常力源、周望城2005年主编的《湖南师大附中百年校志》，禹坚白等编写的《跃起作龙鸣——禹之谟史料》，感谢长沙市档案馆提供的《长沙市志》、望城县人大提供的《长沙县县志》、常宁市档案馆提供的《中国共产党常宁历史》、蓝山县高阳村提供的《钟氏族谱》。在我从这些书本中寻找这八年零落的学校故事时，谢永红校长让我与黄月初副校长，刘军林、谢武龙、赵景云、周松蕾等老师重走了一次办学路，找到望城沱市辖神庙、常宁大坪尹氏祠堂、蓝山所城阮氏祠堂和高阳钟氏祠堂等学校曾经办学的旧址，采访了一些那个时期的校友，他们的讲述，让这段历史更加悲壮与鲜活。

当忙完一天工作，收拾好心情，夜深人静后，我开始敲打键盘。熙宁街的匆匆脚步声、辖神庙的琅琅读书声、大坪尹氏祠堂清脆的敲铃声、蓝山高阳震天的欢呼声，湘江的船桨、沩水的嬉闹、宜水的泳姿、舜水的奔腾……那么清晰地呈现在我眼前。

书稿初成后，感谢党委书记曾少华提出的修改意见，特别感谢赵景云老师为全书配照片。

美国耶鲁大学著名史学家罗宾·W.温克在《牛津欧洲史》中说："历史让我们认识自己，它教导我们理解我们集体的过去并对之保持适当的尊重"，"历史是叙述，是故事，关涉人们如何与为何如此行为，关涉人们的思想和信仰的模式。"历史证明，我们会死，就如我们还活着。这是因为，在久远的过去，一些人就对此确信不移。我们活着，是因为故事的燃烧，也因为我们在写着自己或他人的故事。

但愿从这些故事中，我们能保持对过去适当的尊重，我们能探寻广益人的思想与信仰。

作 者

2015 年 3 月